AF715948

KNAUR.LEBEN

REGULA MEYER

Beschützt von meinem Krafttier

Rituale, Übungen und Meditationen

KNAUR.LEBEN

Besuchen Sie uns im Internet:
www.knaur-leben.de

Aus Verantwortung für die Umwelt hat sich die Verlagsgruppe Droemer Knaur zu einer nachhaltigen Buchproduktion verpflichtet. Der bewusste Umgang mit unseren Ressourcen, der Schutz unseres Klimas und der Natur gehören zu unseren obersten Unternehmenszielen. Gemeinsam mit unseren Partnern und Lieferanten setzen wir uns für eine klimaneutrale Buchproduktion ein, die den Erwerb von Klimazertifikaten zur Kompensation des CO_2-Ausstoßes einschließt. Weitere Informationen finden Sie unter: www.klimaneutralerverlag.de

FSC www.fsc.org MIX Papier | Fördert gute Waldnutzung FSC® C083411

Vollständige Taschenbuchausgabe Februar 2023
Knaur.Leben Taschenbuch
© 2023 Knaur.Leben
Illustrationen © Roman Liver
Ein Imprint der Verlagsgruppe
Droemer Knaur GmbH & Co. KG, München
Alle Rechte vorbehalten. Das Werk darf – auch teilweise – nur mit Genehmigung des Verlags wiedergegeben werden.
Redaktion: Karin Weber und Tamara Fromme, texthochzwei GbR
Covergestaltung: ZERO Werbeagentur
Coverabbildung: Collage unter Verwendung von Motiven von Shutterstock.com
Abbildungen im Innenteil: Tierillustrationen von Roman Liver unter Verwendung von iralu / Shutterstock.com, Aufmacher »Krafttiere« von natureLover24 / Shutterstock.com
Satz: Adobe InDesign im Verlag
Druck und Bindung: CPI books GmbH, Leck
ISBN 978-3-426-87943-6

2 4 5 3 1

*Ich widme dieses Buch uns Tierfreunden.
All den Menschen, die Tieren mit Respekt
begegnen, ihren Lebensraum achten und
schützen, sie sehen und lieben.*

Inhaltsverzeichnis

Einleitung

Wir leben in einer Zeit der Veränderung. Unsere menschlichen Fortschritte und Errungenschaften zeigen uns immer deutlicher ihre Schattenseiten wie Klimawandel, Überbevölkerung, Dauerstress und vieles mehr. Diese Schattenseiten beginnen, uns in unserer Freiheit im Denken, Fühlen und Lernen zu beengen, uns auf eine Art Entwicklungsautobahn zu pferchen. Lösungen, um sich aus den Pflichten des neuen Lebensbildes zu befreien, das uns Schuld suggeriert und eine drohende Katastrophe prophezeit, sind für viele kaum mehr vorstellbar. Resignation macht sich breit, Erschöpfung und Ohnmacht begleiten uns.

Es ist schwierig, aus der Beengung herauszufinden, denn wir müssen uns von vielen gängigen Vorstellungen verabschieden und einen eigenen Weg gehen, der so in der Vergangenheit nie gelebt werden konnte. Das traditionelle System mit seinen von der Natur bestimmten Lebensthemen und Alltagsritualen, wonach unsere Ahnen lebten, hat seine Gültigkeit zum großen Teil verloren. Der Normalität des heutigen Alltags, wie ihn viele von uns zu bewältigen haben, liegt eine eher neue und oberflächliche Norm zugrunde. Kaum ein junger Mensch hat die Möglichkeit, dem eigenen Leben einen wirklichen und auf vielen eigenen Erfahrungen aufgebauten Bezug zur Natur zu geben. Die Natur ist nicht mehr selbstverständlich die Basis des Lebens, die verstanden und erfahren werden muss, um ihre Herausforderungen bewältigen zu können.

Vielmehr bestimmen heute Regeln und Vorstellungen wirtschaftlicher und ideologischer Konzepte, die aus einer materialistischen Sichtweise entstanden sind, unseren Alltag. Diese Konzepte greifen stark in die natürlichen Abläufe ein. Genverändertes Saatgut, Eingriffe in Wetterereignisse, Manipulation der Nutztiere, Übernutzung der Meere, Beeinflussung der Kinder und der Mutter-Kind-Bindung und noch so manches mehr. Mit Verboten und Reglements wird der Mensch durch das Leben geschleust und es wird uns weisgemacht, dass das alles zu unserem Schutz geschieht, weil es draußen in der seelisch-geistigen Freiheit für uns viel zu gefährlich ist. Angst ist eine der weitverbreitetsten Störungen, an der Menschen erkranken.

Wir Menschen sind natürliche Wesen und es ist für uns wichtig, auf natürliche Art das Leben zu leben. Dazu gehört auch, dass wir nicht alles verstehen müssen. Wir dürfen an unbeweisbare, mystische Kräfte glauben, wir dürfen keine technischen Antworten auf philosophische Fragen wollen, auch dürfen wir kein durch die Wissenschaft betreutes Fühlen und Denken wollen. Wir wissen und leben seit jeher damit, dass unser Leben endlich ist, wir vergänglich sind und am Ende des Lebens der Tod wartet. Niemand braucht uns zu sagen, dass wir, wenn wir alles richtig machen, vielleicht das ewige Leben verdienen. Die Tatsache, dass das Leben hart sein kann, ist uns aus aller Zeit bekannt und es braucht keinen Fortschritt, der uns davor bewahrt und als Preis unsere Menschlichkeit fordert.

Wir Menschen brauchen heute vor allem Liebe, Herzlichkeit und Achtsamkeit. Wir brauchen freies Fühlen und Denken, Kreativität und einen Hauch von zauberhaftem Glauben an lichte, liebende Welten, die uns begleiten und uns beistehen. Jeder kann den Beweis für sich selbst finden, dass es diese Anderswelt gibt, die nicht erklärt werden kann und die nicht erforschbar ist. Wir sind Kinder dieser Erde und sind noch so unendlich weit weg davon, die ganze wunderbare Größe dieser Schöpfung, in der wir leben, zu begreifen.

Tiere leben mit uns und haben ihren eigenen Weg, der ihrer jeweiligen Art entspricht, gefunden. Dieses Recht hat ihnen die Erde, die Schöpfung, gegeben und so ist es auch mit jedem von uns. Du und ich, er und sie, wir alle haben das Recht zum eigenen Sein, zur eigenen Erfahrung und zum eigenen Ausdruck in dieser Welt. Woraus wir lernen dürfen und müssen, was wir zu verantworten haben. Wir alle sind zusammen hier und wollen auch lernen, dieser Gemeinschaft mit dem zu dienen, was wir in uns erarbeiten können. Das Leben und das Verhalten ist von der Natur reglementiert und wir müssen uns wieder einfügen in diese Regeln und Gesetze – zum Wohle aller.

Die Tiere und ihre wunderbaren Kräfte können uns auf diesem Weg begleiten und stärken.

Das Schutzbedürfnis des Menschen

In Zeiten so großer Veränderung haben wir natürlich ein besonderes Bedürfnis nach Schutz. Viele von uns sind entwurzelt und haben ihre Verbindung zu menschlichen und herzlichen Werten und natürlichen Traditionen, die Sicherheit und Geborgenheit vermitteln, teilweise oder gar ganz verloren. Sei es die Familie, die Beziehung, die Freundschaft, die Arbeit oder das örtliche Umfeld: Bei jedem von uns sind

Veränderungen im Gange und viele werden daher von einer gewissen Hektik erfasst.

Veränderung ist aber ein sehr wichtiger Faktor in der Entwicklung eines jeden Lebewesens. Fühlen wir uns getragen und von Liebe umgeben, ist Veränderung auch etwas Schönes, etwas Inspirierendes und beflügelt uns mit Freude und Hoffnung. Doch das Gefühl, allein zu sein, sich nur noch auf sich selbst verlassen zu können, die Erfahrung, dass immer wieder, in steigender Geschwindigkeit, Altes und Bewährtes durch Neues und Fremdes ersetzt wird, macht uns sehr zu schaffen. Dazu kommt die Ungewissheit, ob die Strukturen, auf denen wir unser Leben aufzubauen versuchen, nicht plötzlich zusammenbrechen könnten.

Wir brauchen Sicherheit und haben das berechtigte Bedürfnis nach Schutz. Zwar bietet unsere Zivilisation einiges an Schutz und Sicherheit, hat aber ebenso viel dazu beigetragen, dass wir uns gleichzeitig schutzlos und ausgeliefert fühlen. Es ist nicht mehr die Natur, die uns in erster Linie bedroht, nicht mehr die Wegelagerer im Wald, die uns auflauern, oder das schlechte Wetter, das unsere Ernte vernichtet. Heute sind die Gefahren andere, aber nicht weniger existenziell. Es ist noch viel wichtiger denn je, dass sich der Einzelne erhebt und in sich stärkt. Dass wir vermehrt mit Stärke und Würde die Ereignisse in unserem Leben selbst bestimmen und uns mit den Menschen zusammenschließen, die unseren Weg mit uns gehen, ohne Manipulation und Unterdrückung. Viele haben das Bedürfnis, einen gemeinsamen Weg in Gruppen zu gehen, in denen Menschen mit Achtsamkeit und Herzenswärme verbunden sind. Zu einer Gruppe zu gehören, in der der Einzelne Zuspruch erhält und dessen Gefühle und Gedanken auch dann berechtigt sind, wenn nicht jeder gleicher Meinung ist. Solche Netzwerke sollten sich heute bilden, um mehr Sicherheit und Schutz zu erfahren.

Achtsamkeit dir selbst und anderen gegenüber

Es kommt eine Zeit, in der jeder Einzelne sich mit seiner geistigen Kraft auseinandersetzen muss. Ich rede nicht von einem esoterischen Leben, sondern von Spiritualität. Der Verbundenheit mit dem höheren Sein in uns und der Rückerinnerung, dass wir alle ein Teil eines großen Ganzen sind, einem individuellen Lebensplan folgen und uns zu großen geistigen Fähigkeiten hin entwickeln können. Ich rede von der Spiritualität, die unserem Wesen entspricht und weit über die mentale Kraft hinausreicht.

Wahre Geistigkeit ist weder arrogant noch manipulativ, sie fördert weder narzisstisches Verhalten noch unangebrachte Unterwürfigkeit. Der wahre Geist in uns verbindet uns mit der Quelle unseres Seins und nimmt uns für unser Leben in die volle Eigenverantwortung in dem Wissen, dass jedes Lebewesen ebenbürtig und genau wie wir ermächtigt ist, seiner Wahrheit zu folgen.

Dieser Weg bedingt Achtsamkeit. Ich muss mich in meinem Leben und meinem Umfeld beobachten, mit offenem Herzen spüren, was sich in mir und um mich entwickelt und was ich selbst bewirke. Ich muss erkennen, ob die Vorteile, die ich erwirke, auch für mich selbst und nicht nur für mein Umfeld nützlich und erfreulich sind. Ich muss auf die Botschaften achten, die mir übermittelt werden, und lernen, was sie mir sagen und wie ich mit ihnen umgehen soll. Das Leben, die Natur und die stillen Kräfte um mich herum reagieren auf mich und mein Sein und diese Reaktionen sind wichtige Zeichen. Tierbegegnungen, Träume, zufällige Bemerkungen, Déjà-vus, Eingebungen sind Zeichen und können mich leiten. Ich muss dazu nicht lieb und nett sein, sondern in Liebe und Zufriedenheit achtsam sein. Und ich muss mich vor meiner inneren Göttlichkeit mit aufrichtigem Bewusstsein verneigen.

Die Beziehung zwischen Menschen und Tieren

Von jeher pflegen wir Menschen eine ambivalente Beziehung zu den Tieren. Zum einen sicherten und sichern sie noch unser Überleben. Nicht nur das Fleisch, auch die Milch, das Fell und die Knochen waren oder sind für uns bis heute unentbehrlich. Und auch ihre Mobilität, Stärke und ihre Sinnesleistungen haben wir Menschen uns zunutze gemacht. Die Hunde, die Pferde, die Esel und Ochsen, die für uns arbeiteten und teilweise noch immer arbeiten, sind wesentlich an unserem Überleben und unserem Fortschritt beteiligt.

Zum anderen stellen Tiere aber auch bis heute eine Herausforderung für den Menschen dar. Die Nagetiere und Insekten, die unsere Ernte und Vorräte fressen und unbrauchbar machen, Wildschweine, die ganze Felder umgraben, Beutegreifer wie Greifvögel, Wölfe, Füchse, Marder und der Luchs, die unseren Haustieren zusetzen, haben uns indirekt oft schwere Schäden zugefügt. Aber auch direkt wird der Mensch selbst durch Insekten, Krankheiten übertragende und giftige Tiere bedroht und geschädigt.

Um die Tiere richtig einschätzen und zwischen Schaden und Nutzen unterscheiden zu können, mussten wir die Tiere beobachten. Durch diese Herausforderung haben schon die frühgeschichtlichen Menschen viel von den Tieren gelernt.

Umgekehrt lernten auch die Tiere den Umgang mit dem Menschen. Sie mussten diese das Feuer beherrschende

Spezies einordnen und sich an die immer wieder neuen Gefahren, die von ihr ausgehen, anpassen.

So haben die Tiere über sehr, sehr lange Zeit eine wesentliche Rolle in der Entwicklung des Menschen gespielt. Schon früh in der Geschichte hat der Mensch bestimmte Tiere zu Nutztieren gemacht. Und diese Tiere haben sich wiederum so an das Leben neben uns angepasst, dass sie auf sich allein gestellt nicht mehr überleben könnten. Der Mensch hat die Tiere genutzt, hat sie aber auch geschützt, gefüttert und gepflegt. Es ist eine gegenseitige Abhängigkeit entstanden, die nicht so ohne Weiteres aufzuheben ist.

Heute kann man sagen, die Menschheit hat dank der Tiere und mit ihnen überlebt und es darüber hinaus sehr weit gebracht. Erst seit kurzer Zeit sind Tiere für einzelne Menschen unnötig geworden. Ein sehr kleiner Teil der Menschen kann sich heute ernähren, kleiden und auch arbeiten, ohne auf tierische Produkte angewiesen zu sein.

Was für uns aber auf jeden Fall gelten sollte: Den Tieren gebührt große Achtsamkeit und Respekt. Sie sollen ihren Lebensraum haben und ihr Leben auf dieser Erde leben können, wie es für sie vorgesehen ist. Der Mensch hat – trotz seiner großen Ansprüche auf Land, Ressourcen, Mobilität, Nahrung und mehr – kein natürliches Recht, Tiere industriell auszubeuten und völlig artfremd zu halten, sie auszurotten, zu verdrängen oder sie gar zur Unterhaltung zu missbrauchen.

Wir Menschen haben noch viel von der Weisheit der Tiere zu lernen und auch über die großen Zusammenhänge, die die unendlich vielen Wesenheiten miteinander verbinden. Und deshalb müssen wir alles tun, um die noch existierenden Arten und ihre Lebensräume zu erhalten.

Wie die Tierkräfte wirken

Wir sind geistige Wesen und unser menschlicher Geist hat große Kräfte. Mit ihrer Hilfe haben wir uns bis zum heutigen Wissensstand entwickelt.

Einzelne Genies haben der Menschheit neue Möglichkeiten eröffnet und die Masse ist dann nachgefolgt und hat sich diese Erfindungen zunutze gemacht. Nicht jeder muss selbst weltverändernde Entdeckungen machen.

Wir haben schon vieles für unsere äußere Sicherheit und unseren Komfort erreicht und im Außen braucht es vorerst kaum mehr viel Neues. Es ist jetzt an der Zeit, dass wir lernen, unsere inneren Kräfte zu stärken und uns zu individueller Größe zu ermächtigen. Das Innen muss dem Außen wieder entsprechen. Jeder einzelne Mensch müsste sich vermehrt an die Natur anbinden und sich mit seinen inneren Qualitäten befassen. Wir alle sind ein Teil der Natur und Geschöpfe dieser Erde. All die Kräfte und Fähigkeiten, die die Natur hervorgebracht hat, können wir auf individuelle Weise auch in uns selbst entwickeln. Die Verbindung zu den Kräften in der Natur, insbesondere zu den Tierkräften, verhilft uns dazu, die Qualitäten in uns zu finden, die unserem Bedürfnis nach Schutz und Sicherheit entgegenkommen.

Die Verbindung zu einem Tier, einer bestimmten Tierart, verbindet uns mit dem entsprechenden Thema in uns. Und dadurch, dass wir uns mit diesem Thema befassen, entwickeln wir es weiter. So sind die Kräfte der Tiere im weiteren Sinn Erinnerungshilfen, um an unseren inneren Fähigkeiten und Veranlagungen zu arbeiten. Wer sich von den Tieren distanziert, distanziert sich auch teilweise von sich selbst.

Die Kraft der Tiere wirkt also nicht über die direkte Beziehung zu einem individuellen Tier, sondern wird von der ganzen Tierart getragen. Ich muss ein Tier, das mir mit seinem Sein hilft, mich an etwas Starkes in mir zu erinnern, auch nicht niedlich finden oder es besitzen wollen. Die Kraft zwischen Menschen und Tieren wirkt allein durch das Sein. Wenn wir allerdings einer Tierart Achtung, Respekt und Liebe schenken möchten als Dank für das, was wir lernen dürfen, können wir diese in ihrer Entwicklung fördern, stärken und somit schützen. Viele Tierarten haben diese Unterstützung dringend nötig.

Wie eine Tierart dich schützen kann

Man könnte fast jedes Tier auch als Schutztier bezeichnen. Denn sobald ein Krafttier eine Fähigkeit in uns unterstützt, die uns mehr Schutz und Sicherheit bietet, ist es auch ein Schutztier. Wenn wir die Tierbotschaften, wie sie seit langer Zeit von schamanischen Traditionen gelehrt werden, verstehen, kann jede Tierart auf ihre Weise zu unserem Schutz beitragen. Natürlich gibt es Tiere, deren Botschaft sehr deutlich zum Thema Schutz passen, und so ist in diesem Buch eine Auswahl von Tieren beschrieben, die der heutigen Situation unserer Entwicklung entsprechen.

In uns angelegte Qualitäten können zu unserem Schutz beitragen, wenn wir sie entsprechend fördern. Dabei hilft die Verbindung mit dem Tier. Ganz wichtig ist zu verstehen, dass das Tier nicht unseren Teil der Bemühung um Schutz übernimmt. Die Tierartenseele stellt sich nicht einer Gefahr entgegen, sie kämpft nicht gegen eine Bedrohung und sie wird auch sonst nicht aktiv zu unserem Schutz beitragen. Doch das, was wir durch die Schutztiere in uns ändern können, genügt vollkommen, um den Schutz aufzubauen, den wir in unserer Geschichte brauchen. Alle Qualitäten, Kräfte und Eigenschaften, die ich benötige, um meinen Lebensweg in Sicherheit zu gehen, sind in mir angelegt und ich kann sie nutzen.

Wie du das richtige Tier im Buch auswählst

Es gibt verschiedene Möglichkeiten, ein Krafttier zu wählen. Eine ist die, dass du das Bedürfnis hast, eine Eigenschaft in dir zu stärken, zum Beispiel »Klarheit«. Im Inhaltsverzeichnis am Ende dieses Buches suchst du den Begriff und findest die Tiere, die damit zu tun haben. Die Texte zu den Tieren liest du. Was dich am meisten berührt, wählst du für den Moment als dein Schutztier.

Eine andere Möglichkeit besteht darin, dass ein Tier aus dem Buch dir ständig auffällt, du davon träumst oder es dir gar auf irgendeine Weise begegnet, ohne dass du danach gesucht hast. Dann ist es interessant, sich mit dem Tier zu befassen und das Thema des Tieres zu beachten.

Eine weitere Möglichkeit, die Tiere auszuwählen, ist es, dir Karten zu basteln. Nimm dazu dreißig Karten, zum Beispiel alte Spielkarten, und klebe darauf Bilder der dreißig Tiere aus dem Buch. Du findest sie in Zeitschriften, im Internet. Oder du kopierst die Bilder in diesem Buch. Lege die fertigen Karten verdeckt vor dir aus und ziehe dein aktuelles Krafttier.

Was du über die Krafttierarbeit von Kindern lernen kannst

Als Kinder haben viele von uns die Kraft der Tiere gespürt. Oft verwandeln Kinder sich selbst im Spiel in ein Tier. Sie verbinden sich spielerisch mit den Tierkräften, um sich mit deren Talenten und Stärken zu erfüllen, diese im Spiel zu erleben. Das Gefühl, ein großer, brüllender Löwe zu sein, wie ein Adler zu fliegen, wie ein Äffchen zu klettern, wie ein Fisch zu schwimmen oder sich wie eine Schlange zu winden, vermittelt Selbstsicherheit und Freude.

Bei diesen Spielen lernen Kinder, innere Stärken zu entdecken und zu entwickeln. Alle Kräfte und Talente, die in der Natur gelebt werden, sind als Anlage in uns Menschen enthalten. Über die Jahrtausende unserer Entwicklung haben Menschen und Tiere ihr Wesen verfeinert und optimiert und die Eigenschaften entwickelt, die ihnen in ihrem Lebensraum und für ihre Lebensweise am meisten dienten und dienen. Und da alles Leben in seiner Essenz miteinander verbunden ist, besteht die Möglichkeit, über den geistigen Kanal voneinander zu lernen und Erfahrungen auszutauschen.

Die Art, wie es die Kinder machen, ist dabei immer noch die wirksamste. Sich in ein Wesen einzufühlen, dessen Kraft und Weisheit mich interessiert, bedarf der Liebe und des Respekts, aber auch der Achtsamkeit. Kinder erforschen das Tier nicht, das sie sein möchten, sie bewundern es, ahmen es nach und werden spielerisch zu dem, was sie in diesem Tier suchen. Je intensiver das geschieht, desto mehr verbindet sich das eigene Wesen mit dem wahren Wesen des Tieres. Die Eigenschaften, die wir beim Tier bewundern, werden nachempfunden und in unserem Gefühlskörper erlebt und erfahren. So werden sie an uns angepasst und in unser Wesen integriert. Dieser Vorgang gibt auch dem Tierwesen etwas zurück, da wir durch unsere Bewunderung und damit verbundene Achtung der Tierart Herzensenergie schenken.

Wir alle kennen das aus unserem Alltag. Durch Stress, Druck und Eintönigkeit fühlen wir uns manchmal regelrecht ausgebeutet und es ist schwer, so an unsere Freude, Lebendigkeit und Leichtigkeit zu gelangen. Wenn wir uns dann hinaus in die Natur begeben, in den Wald, in die Berge, ans Wasser oder in den Garten, füllen sich unsere Batterien wieder auf, die Kräfte kehren zurück und damit auch das Gefühl, wieder mehr wir selbst zu sein. Das funktioniert vor allem dann, wenn es uns gelingt, unsere Sorgen und Lasten für eine Zeit zu vergessen, wenn wir die Natur genießen und innerlich zur Ruhe kommen. Dann atmen wir freier und unser Herz öffnet sich. So findet der Kräfteaustausch mit den Kräften der Natur dann ganz von alleine statt. Ist der Mensch ausgeglichen und in seiner inneren Kraft verankert, gibt er ebenfalls, so wie die Tiere und Pflanzen, Schwingungen, Herzenskraft, Liebe und Freude an sein Umfeld ab. Ein bewusster Mensch verbreitet eine angenehme Energie und hebt auch die Stimmung der Umgebung. Ein gestresster, trauriger und wütender Mensch belastet die Stimmung und die Energie seines Umfeldes. Tiere und Pflanzen nehmen solche Energien, die ausgesendet werden, sehr stark wahr.

Der Mensch ist ein wahres Bollwerk hoher Talente und Eigenschaften. Wir verfügen über ein großes Wissen und über eine mächtige Herzenskraft. Wir geben aus unserem Wesen auch an die Wesen der Natur Liebe, Ruhe und Freundlichkeit ab und werden im Gegenzug mit dem erfüllt, was wir benötigen. Es ist sinnvoll, sich regelmäßig eine Auszeit in der Natur zu gönnen, denn unser Alltag braucht sehr viel Energie.

Wie du die Botschaften im Buch für dich nutzt

Im vorliegenden Buch ist eine Auswahl von Tieren beschrieben und wie ihre Kraft für uns zur Schutzkraft wird. Damit dies wirkt und du dich durch die Tierkraft wirklich gestärkt und geschützt fühlst, empfehle ich dir, dich eingehend mit dem Tier zu befassen. Lies das, was das Tier dir aufzeigt, gut durch. Übersetze es in deine Herzenssprache und versuche, es als Impuls für dein momentanes Leben zu verstehen. Mache dir Notizen – im Buch oder wo immer du möchtest.

Das Buch soll dir eine ganz persönliche Begleitung zum Thema sein. Deshalb findest du hier auch leere Seiten, wo du dein eigenes Lieblingstier, das vielleicht nicht Teil der hier getroffenen Auswahl ist, noch einfügen kannst. Ich unterstütze dich gern bei der Deutung deines Tieres. Folge dazu einfach den praktischen Anleitungen und nutze die Fragen zur Selbstreflexion.

Ich empfehle, neben dem Buch ein eigenes Arbeitsheft zu führen, worin du deine Gedanken, deine Erkenntnisse und Selbstbeobachtungen aufschreiben kannst. Du wirst ein vertieftes Verständnis für dich und deine Schutzthemen bekommen, indem du an den im Buch beschriebenen Themen immer wieder arbeitest und so eine stärkere und gesunde Selbstsicherheit entwickelst.

Wie du mit den praktischen Anleitungen arbeiten kannst

Die praktischen Anleitungen in diesem Buch beinhalten Meditationen, Übungen, Bastelanleitungen und auch reflektorische Fragen. Es ist dir freigestellt, eigene Ideen einzubringen, die du als passend erachtest. Ich empfehle dir, diese aufzuschreiben und dem Bucheintrag zum entsprechenden Tier hinzuzufügen.

> Solltest du bei einem Thema auf einen großen Schmerz, eine tiefe Verletzung stoßen, zögere nicht, dir Hilfe bei einer Therapeutin oder einem Therapeuten zu suchen. Denke daran, es geht um dich und darum, dass du in deine rechtmäßige Kraft, Würde und Unversehrtheit zurückfindest.

Meditationen

Da es schöner ist, einer geführten Meditation mit geschlossenen Augen zu folgen, als selbst zu lesen, stelle ich dir die im Buch veröffentlichten Meditationen auf meinem YouTube-Kanal zur Verfügung. Sie sind kostenlos und du kannst sie, sooft du willst, wiederholen.

Du kannst die Meditation aber natürlich auch selbst leise und langsam sprechen und dich dabei aufnehmen. So kannst du sie jederzeit abspielen und deiner eigenen Stimme folgen.

Bastelanleitungen

Ich kann dir nur raten, dich für deine Bastelarbeiten im Internet inspirieren zu lassen. Es gibt so schöne, kraftvolle Arbeiten von begabten Menschen. Ahme das nach, was dir gefällt. Sei nicht traurig, wenn es nicht ganz so gut und schön wird wie das Vorbild. Du kannst deine Artefakte immer wieder neu herstellen und bald wirst du darin wahre Meisterschaft erlangen.

Ganz wichtig ist es, dass du gerne mit diesem Buch arbeitest. Sei in der Freude, wenn du dich mit deinen Schutztieren beschäftigst, sei in der Freude, wenn du dich mit dir und deinem Wesen auseinandersetzt. Du bist gut so, wie du bist. Du hast vielleicht einige schwerere Ereignisse zu verarbeiten, doch im Grunde ist alles in Ordnung und es kann sich alles zum Guten wenden.
Freue dich an dir, an dem Weg mit den Schutztieren und an der Entwicklung, die du damit machen darfst.

Amulette zu den Tieren im Buch

Wenn du gerne bastelst, fertige doch zu allen Tieren im Buch im Laufe der Zeit ein Amulett an. Sei während der Herstellung mit den Gefühlen und den Gedanken ganz bei dem Tier, für welches du das Amulett anfertigst, sei in der Freude und der Liebe.

1. Nimm dazu kleine geschliffene Holzscheiben, Metallplättchen oder runde flache Steine.
2. Bohre ein kleines Loch am Rand der Scheiben oder Plättchen, damit du es als Schmuckstück tragen kannst.

3. Auf diese Plättchen zeichnest du die Symbole der Tiere aus dem Buch ab.
4. Dann bindest du das Amulett an eine Lederschnur und wenn du magst, schmückst du das Schmuckstück noch mit farbigen Holz-, Glas- oder Edelsteinperlen, mit Federn, Bändern oder allem anderen, was dir gefällt.
5. Um aus den Schmuckstücken wirkliche Amulette zu machen, musst du sie mit einem Ritual weihen. Nimm dazu das Amulett in die rechte Hand und lege die linke Hand auf dein Herz.
6. Nun bitte deine Seele, dich mit der Seele der Tierart zu verbinden, für welches du das Amulett gemacht hast. Stelle dir vor, wie das innere Bild des Tieres in deiner rechten Hand erscheint und sich dir so die Kraft und Ausdrucksstärke des besagten Tieres zeigt.
7. Beobachte das Bild, lass dich von der Kraft tief berühren und warte, bis es sich zurückzieht. Das zu weihende Amulett ist danach ganz mit der Tierkraft erfüllt.
8. Bedanke dich bei der Tierartenseele. Bitte deine Seele, das Kraftgeschenk in deinem Amulett so zu versiegeln, dass sich die Kraft immer dann mit dir verbindet, wenn du sie benötigst.

Weihe nur ein Amulett pro Tag. Trage das jeweilige Amulett immer dann, wenn du eine besondere Unterstützung brauchst. Du kannst bis etwa drei Tieramulette auf einmal tragen.

Krafttiere

Adler
(Aquilinae)

GEIST

Eigenschaften und Lebensweise des Adlers

Der Begriff »Adler« stammt vom mittelhochdeutschen Wort »Edel-Aar«. »Aar« war eine Bezeichnung für alle großen Greifvögel. Der Edel-Aar meinte den echten Adler, lateinisch *aquila*. Aquila heißt eigentlich Standarte und leitet sich von den römischen Heeren ab. Die Standarte mit dem Adlersymbol war die mächtigste von allen. Der Adler auf dem Banner deutete auf die direkte Gunst des höchsten Gottes Jupiter hin. Der Adler galt den Römern als Symbol der von Jupiter verliehenen Macht.

Wie alle Greifvögel sind die Adler großartige Flieger und gnadenlose Jäger. Sie ernähren sich zum größten Teil vom Fleisch, das sie erbeuten. Seltener und nur von einigen Arten wird auch Aas angenommen. Der Adler greift sich seine Beute. Er fliegt hoch über dem Land oder sitzt erhöht auf einem Aussichtspunkt und beobachtet mit seinen sehr guten Augen jede Bewegung. Hat er ein Tier erspäht, das er erbeuten will, richtet er seine ganze Konzentration auf dieses. Nun stürzt er sich mit ganzer Kraft und Geschwindigkeit auf die Beute. Erst kurz bevor er mit seinen messerscharfen Krallen zugreift und sein Opfer damit quasi erdolcht, breitet er die Schwingen aus und bremst seine Wucht ab. Adler töten nicht mit dem Schnabel. Dieser ist aber das ideale Werkzeug, um das Fell des Beutetiers aufzuschneiden und Stück um Stück dessen Fleisch herauszureißen.

Die Kraft, die dem Adler das Überleben sichert, ist zum einen seine Fähigkeit, sich weit hinauf über das Land oder das Wasser zu erheben und sich von dort einen genauen Überblick zu verschaffen. Wie eine Landkarte liegt die Welt unter ihm und seine enorme Sehstärke kann selbst kleinste Bewegungen auf dieser Karte ausmachen.

Zum anderen jagt der große Vogel mit einer unglaublichen Präzision. Er ist ein wahrer Flugkünstler und kann seinen Sturzflug überaus genau berechnen und ausführen. Trotz diesen Fähigkeiten gelingen dem König der Lüfte lange nicht alle Angriffe. Etwa zehn Versuche braucht er für einen Erfolg. Auch das dürfen wir uns merken.

Was dir der Adler sagt

Der Adler lässt sich von der Macht des Geistes führen. Er hat sich erhoben zur Präzision der geistigen Welt. Seine scharfen Augen, seine scharfen Krallen und seine kraftvollen Flügel sind die Zeichen seiner Macht. Geistige Macht, die sich nicht mit Übergriffen beweisen muss, sondern sich in schneller und sehr präziser Handlungsfähigkeit und Selbstbeherrschung zeigt.

Der wundervolle König der Lüfte besitzt die Autorität, sein erhabenes Wesen im Einklang mit der Natur und ihren Gesetzen zu leben. Der Adler ist ein Vollstrecker, wenn es um seine Nahrung geht. Doch er ist auch ein Wächter über das Land, das er für sich beansprucht. Und er ist ein Zeuge der Geschehnisse in seinem Lebensraum. Seinem wachsamen Blick entgeht nichts. So kreist auch dein Geist über deinem Leben und sieht alles. Selbst das winzigste Detail deiner Geschichte, deiner Gedanken, deiner Gefühle, deiner Muster und daraus entstehende Entscheidungen und Visionen. Verbinde dich mit dem Adler, um zu dieser höheren Warte der Beobachtung zu gelangen.

Der Adler ist das Tier, das uns die Augen öffnen kann, das uns mitnimmt hinauf in die übergeordnete Sicht. Er bringt Ruhe und Klarheit in unser Leben und fordert uns auf, uns zu Wesen des Geistes zu ermächtigen. Wir sind Kinder der Erde und des Lichts und es ist unser angeborenes Recht, stark zu sein. In uns und für uns selbst. Es ist auch unser angeborenes Recht, über unser Leben zu entscheiden. Nur wir selbst haben die Macht, unser Leben als Ganzes zu begreifen und die Zusammenhänge in diesem Netzwerk zu verstehen. Darum sind wir selbst auch die Einzigen, die auf dieses eigene Leben Einfluss nehmen dürfen.

Wie du dich mit der Adlerkraft schützen kannst

Der Schutz des Adlers ist die Kraft der Klarheit und daraus folgend der Selbstermächtigung, die eigenen Entscheidungen zu treffen. Betrachte dein Leben ruhig aus der Distanz und leihe dir die scharfe Sicht des Adlers. Wo sind die Gefahren in deiner Welt und wo ist der Weg, den du sicher gehen kannst? Wache über deine Welt, indem du sie immer wieder weit ab von Gedanken und Emotionen betrachtest. Dann wirst du auch eingreifen können, wenn es nötig ist. Präzise auf den Punkt und mit der klaren, scharfen Entschlossenheit der geistigen Autorität lernst du, dir das zu greifen, was stimmt, um dich zu ernähren, oder das, was stört, zu entfernen.

Alles andere kannst du seinem natürlichen Wandel überlassen, im Vertrauen auf deine Kraft. Denn wenn der Adler zu deinem Schutz an deiner Seite ist, wird das in deinem Leben ans Licht geholt, was fremd und daher von dir unlösbar in deinem System wirkt, das, was du für andere zu leben versuchst, und das, was du dir aufgebürdet oder aus emotionalen Gründen ausgegrenzt hast. Der Adler hilft dir, deine Anteile an einer Herausforderung zu erkennen und anzunehmen, er hilft dir aber auch, dich von dem zu lösen, was du nicht zu lösen hast. Es darf dorthin zurück, wo es hingehört, und du wirst davon befreit. Unser Ziel ist, die Macht über das eigene Leben zu gewinnen. Alles Fremde, das aus irgendeinem Grund in dein System geraten ist, muss entfernt werden, weil sonst eine Fremdbeeinflussung entsteht.

Meditation: Adlerflug

Setze dich hin und schließe die Augen.

Stelle dir vor, dass du durch ein Tor hinter deinem Herzen in dich hineingehst, in deine weite, unendlich große innere Welt.

Stelle dir vor, wie du auf einen hohen, mächtigen Berg steigst, leicht und schnell.

Ganz oben auf dem Gipfel stehst du aufrecht und bewusst da. Über dir scheint die Sonne und du nimmst ihre Energie, ihr Licht in dich auf. Unter deinen Füßen spürst du die mächtige Stärke des Gebirges, der Erde, und du lässt dich von dieser Kraft durchströmen.

Groß und von deiner Macht des Seins erfüllt, schaust du in die Weite rund um dich. Du atmest diese Weite hinein in dein Herz und deinen Kopf. Dein Herz wird weit. Dein Kopf lässt seine Strukturen weit, unendlich weit werden.

Dann hörst du weit oben über dir den Ruf eines Adlers. Er hallt in dir wider und tief aus deinem Herzen antwortest du auf diesen Ruf. Du schaust nach oben und im Licht der Sonne siehst du einen mächtigen goldenen Adler fliegen. Du spürst, wie du von seinem Blick erfasst wirst und er dich ruft. Du spürst, wie du dem Ruf nachgibst und selbst zu einem Adler wirst. Du spürst, wie sich deine Haltung verändert, spürst deine scharfen Augen und darunter den starken Schnabel. Du spürst den lockenden Wind in deinem Federkleid und den Felsen unter deinen kräftigen Krallen.

Du duckst dich, hebst den Blick und siehst den goldenen Adler weit über dir kreisen. Wieder erreicht dich sein Ruf.

Mit der Kraft deines Herzens breitest du deine Flügel aus, stößt dich vom Boden ab und mit kraftvollen Schlägen deiner mächtigen Flügel schwingst du dich in die Lüfte. Du ziehst deine Beine an deinen Bauch und fliegst hinauf. Hinauf zu dem mächtigen Adler, der zwischen Sonne und Erde seine Kreise zieht.

Du spürst den Wind in den Federn, lässt dich von ihm tragen und gleitest in großen Kreisen über dein Land. Immer höher und höher. Deine scharfen Augen sehen die kleinsten Details unter dir, doch dein Blick zieht über das Land, ohne sich an etwas festzuhalten.

Über dir ist die Sonne, du spürst ihre wärmende Kraft auf deinem Rücken. Unter dir breitet sich die Landschaft deiner inneren Welt wie ein riesiger naturfarbener Teppich aus. Glück durchströmt dich und du stößt aus deiner Mitte den Schrei des Adlers aus. Der große goldene Adler über dir antwortet und pfeilschnell stürzt er vom Himmel auf dich zu. Geschickt weichst du aus und lässt dich auf das Spiel der Jäger ein. Ihr jagt durch den Himmel, spielt zusammen und messt eure Stärken. Dein Herz jubelt, weil du dich ganz und gar im Vollbesitz deiner Kraft fühlst.

Dann fliegt ihr still nebeneinanderher und eine unendlich tiefe Ruhe breitet sich in dir aus. Der große, mächtige Adler berührt mit seinem Sein ganz sanft deinen Geist. Du öffnest dich ihm und er bietet dir an, deinen Geist von allem Beengenden zu befreien. Dankbar nimmst du dieses Angebot an. Du spürst, wie goldenes Licht in dich strömt und sich auszudehnen beginnt. Das goldene Licht des Adlers löst mit seiner Kraft und Energie Mauern auf, die dein Bewusstsein von deinem wahren Geist abtrennen. Es löst Verbindungen der fremden Macht über dein Leben auf und erfüllt dein Bewusstsein mit der Erinnerung an das Licht aus deiner eigenen göttlichen Quelle.

Fliege mit dem goldenen Adler, gib dich diesem Erlösungsprozess hin. Lass dir Zeit, um das geschehen zu lassen, was geschehen darf, und kehre dann, geführt vom goldenen Adler, wieder zu dem Tor zurück, durch welches du gekommen bist. Kehre bewusst und erfüllt vom Licht und der jubelnden Kraft in deinen Körper in das Hier und Jetzt zurück.

Alpaka

(Vicugna pacos)

HINAUSWACHSEN
ÜBER SICH SELBST

Eigenschaften und Lebensweise des Alpakas

Alpakas wurden von den Inkas aus Lamas und den Vikunjas gezüchtet, welche die Wildform der Alpakas sind. Hauptsächlich wurden sie wegen ihrer Wolle gehalten. Kleidung aus Alpakawolle ist warm und weich. Die Alpakawolle lässt sich zu glatten Fäden spinnen und schützt, zu Kleidern und Decken verarbeitet, sehr gut gegen Kälte. Alpakawolle ist auch heute noch sehr begehrt.

Aber nicht nur diese wichtige Funktion hatten die schönen Tiere bei den Inkas, sie waren auch geschätzte Weggefährten, die sich trittsicher im Gebirge bewegen, sichere Wege finden und Gefahren sehr früh erkennen können.

Wenn ein Mensch mit einem Alpaka arbeitet, bedarf es einer achtsamen und respektvollen Haltung gegenüber dem Tier. Ein Alpaka wird nicht auf einen Weg gezwungen, sondern man zeigt ihm, wohin man gehen möchte, und vertraut auf seine Führung. So wird das Alpaka zu einem zuverlässigen Freund und Begleiter, der auf seinen Menschen achtgibt.

Eine andere Eigenschaft der Alpakas, die auch bei uns vermehrt genutzt werden könnte, ist ihr Herdenschutztrieb. Die hochsensiblen Tiere verteidigen ihre Herde, auch wenn diese neben Alpakas aus Schafen, Ziegen oder Federvieh besteht, vehement. Ein Angreifer wird mit wuchtigen Tritten und heftigen Bissen attackiert und in die Flucht geschlagen. Hunde, Füchse, ja selbst größere Beutegreifer werden so entschieden vertrieben.

Wie alle kamelartigen Tierarten sind Alpakas sehr ausdauernd und von geübter und liebevoller Hand gut führbar. Stress verträgt das Tier jedoch schlecht.

Was dir das Alpaka sagt

Wähle das Alpaka in schwierigen, anspruchsvollen Zeiten als Weggefährten. Es geht mit ruhigen Schritten neben dir her, zeigt dir Achtsamkeit, schenkt dir Sicherheit und wärmt dich mit seiner Wolle. Die Symbolik ist sehr klar. Wenn es schwierig wird im Leben, ist es wichtig, bewusste, achtsame und sichere Schritte zu machen. Also keine Hektik und auch keinen Stress aufkommen zu lassen! Schwierige Zeiten bieten oft nur schmale Pfade in unwegsamem Gelände. Die Luft, das heißt die Möglichkeiten, sind knapp und es braucht Geduld, Durchhaltewillen und Liebe zu dir selbst, um alles sicher zu überstehen.

Darüber hinaus solltest du dich für die Lebensbegleiter einsetzen, die deine Heimat sind, egal wer und wie lange und warum. Die Menschen, die jetzt da sind und dich unterstützen, dich verstehen oder einfach im selben Schlamassel stecken, die sind jetzt deine Herde. Gegen Angriffe von außen sind wir zusammen stärker.

Der Schutz, den das Alpaka dir geben kann, bezieht sich auf mehrere Ebenen. Es kann dir den sicheren Weg in deiner Geschichte zeigen, es kann deine Gefühle vor unguten Erfahrungen bewahren oder dich aus einer Gefahrenzone schleusen. Es lehrt dich, die möglichen Gefahren früh zu erkennen, wenn du ruhig und achtsam unterwegs bist. Mache kleine und bewusste Schritte, achte aufmerksam auf Zeichen und Botschaften aus deiner Umgebung und sei dir bewusst, dass du das, was jetzt von dir verlangt wird, aus eigener Kraft und mithilfe der liebenden Menschen um dich bestehen kannst. Suche nicht nach Abkürzungen und verlockenden Schnelllösungen. Gehe so durch die gegebenen Schwierigkeiten, dass du am Schluss erkennen kannst, sie selbst gemeistert zu haben und daran gewachsen zu sein.

Wie du dich mit der Kraft des Alpakas schützen kannst

Das Alpaka zeigt uns, dass wir uns zu unserem Schutz wehren können. Was auch immer deine Stärke ist, verwende sie mutig gegen Unannehmlichkeiten oder für deine Entwicklung zum Guten.

Unangenehmes bringt uns oft voran, wenn wir uns darauf einlassen und erkennen, was es uns spiegelt. Sehr oft ist es deshalb angebracht, die Komfortzone der Vergangenheit zu verlassen und neue Pfade im Umgang mit einer Situation zu erkunden. Wandere mithilfe des Alpakas hinauf in die Abgeschiedenheit der klaren Gedanken und erschwere dir die Situation nicht zusätzlich mit Emotionen und Selbstmitleid. Lass dich nicht durch deine Ängste blockieren und meide Rat, der dich zum Opfer machen möchte und dir damit den eigenen Ausweg versperrt.

Du bist geführt und dir wird geholfen, das Alpaka als Wegbegleiter findet die sicheren Pfade. Überlass das also ihm. Werde dir nur klar, was du in deinem Verhalten, deinen Mustern oder deinen Vorstellungen ändern möchtest. Werde dir dann klar, zu welchem unangenehmen Gefühl in deiner Lebenssituation du wandern möchtest. Das Alpaka findet den Weg dorthin, wenn du dich liebevoll und mutig deinem Wandel stellst. Schritt für Schritt wächst du deinen eigenen neuen Horizonten entgegen.

Egal wohin schlussendlich deine Reise geht, du wirst bald weiter, offener und zufriedener sein, weil du gewachsen bist, weil du echter und wahrhaftiger geworden bist und dich für dich selbst eingesetzt hast. Das, was du empfinden möchtest, wird immer stärker in dir sein, weil du Fortschritte gemacht hast im Umgang mit dir und in der Achtsamkeit und der Geduld mit deinem Lebensweg.

Traumfänger aus Alpakawolle

Für deinen selbst hergestellten Traumfänger aus Alpakawolle brauchst du einen Ring aus einem biegsamen Zweig oder einen gekauften Metallring. Wähle dazu ein Garn aus Alpakawolle in einer für dich passenden Farbe.

1. Beginne, indem du das Garn an den Ring bindest. Arbeite ruhig so lange mit der ganzen Rolle, bis das Netz zu eng wird, und plane dann für den Rest eine großzügige Fadenlänge ein.
2. Wickle den Garnfaden in immer gleichen Abständen um den Ring. Dazu führst du die Garnrolle unter dem Ring durch, über den Ring zurück und von vorne durch die zuvor entstandene Schlaufe. So ergibt sich am Ring ein loser Knoten.
3. Arbeite auf diese Weise rund um den Ring. Je enger die Abstände zwischen den losen Knoten sind, desto feiner und engmaschiger wird am Ende das Netz. Ideal ist es, wenn du am Schluss nach der ersten Runde nur noch eine halbe Spanne bis zum ersten Knoten hast. Das lässt sich auch noch etwas zurechtziehen.
4. Knüpfe im selben Stil weiter. Aber setze nicht mehr am Ring, sondern in der Mitte der gespannten Fäden an.
5. So geht es Runde um Runde weiter, sodass ein schönes, gleichmäßiges Netz entsteht. Die Maschen des Netzes werden immer enger und du beendest das Flechten, wenn die Mitte so eng ist, dass es für dich ausreicht.
6. Verknüpfe nun das Garnende gut mit dem Netz, damit es nicht mehr aufgeht.
7. Jetzt kannst du deinen Traumfänger schmücken. Hänge bunte Bänder an den Ring, auf welche du deine Stärken und Qualitäten schreibst. Suche Federn und befestige diese, vielleicht auch mit etwas Leim, an den beschriebe-

nen Bändern. In die Mitte des Traumfängers kannst du ein Amulett des Alpakas hängen oder sonst etwas, was dir guttut.

Wanderstab mit Alpakawolle

Ein Wanderstab ist auch ein symbolischer Wegbegleiter und kann dir auf der Reise eine große Stütze sein. Mit Alpakawolle kannst du diesen Effekt verstärken.

1. Schneide dir von einem Busch oder Baum einen passenden Ast als Wanderstab ab. Es ist wichtig, dass dir der Stab gut in der Hand liegt, nicht zu dünn, aber auch nicht zu dick ist und auf keinen Fall dürr, da er sonst brechen könnte.
2. Verziere den Stab, ganz wie es dir gefällt. Bemale ihn, schäle ihn oder denke dir ein schönes Schnitzmuster aus.
3. Umwickle den Stab dann mit verflochtener Alpakawolle. Vor allem an der Stelle, wo du ihn hältst, ist es angenehm, wenn er dick mit Wolle gepolstert ist.

Pulswärmer aus Alpakawolle

Stricke dir aus Alpakawolle in deinen Lieblingsfarben Pulswärmer und trage diese in schwierigen Zeiten. Achte darauf, dass die Pulswärmer nicht zu kurz sind. Am wohligsten fühlen sie sich an, wenn sie etwa 20 Zentimeter lang sind.

Amsel
(Turdus merula)

GRENZEN SETZEN

Eigenschaften und Lebensweise der Amsel

Wer kennt ihn nicht, den schwarzen Vogel mit dem leuchtend orangen Schnabel und dem gelben, feinen Ring um die Augen, der morgens und abends an erhöhter Stelle seine Melodien singt, um sein Revier abzugrenzen?

Solange es nicht um die Partnersuche, den Nestbau und die Aufzucht geht, sind Amseln untereinander recht verträgliche Vögel. Doch in der für den Fortbestand der Art wichtigen Zeit werden die Grenzen verteidigt und die Kräfte gemessen, werden Rivalen teils heftig bekämpft, und das nicht nur unter den Männchen, nein, auch die Damen streiten mit. Zum Kampf kommt es aber nur, wenn Grenzansprüche ignoriert werden.

Auch und gerade durch die klaren Grenzen sind die Individuen dieser Tierart besonders gut miteinander vernetzt. Wenn ein Räuber in das Revier eindringt, verbünden sich die benachbarten Männchen und verjagen den Feind mit lautem Gezeter. Dies ist eine erfolgreiche Schutzstrategie. Sie kostet wenig Lebensenergie und ist unauffällig, weil der Wald von vielen Strophen des Amselgesanges erfüllt ist und so keinen klaren Hinweis auf das Nest bietet, in dem das gut getarnte Weibchen brütet.

Was dir die Amsel sagt

Grenzen zu definieren und so Privatsphäre zu schaffen ist wichtig – sowohl für unseren Körper als auch für die Psyche. Durch Grenzen eröffnen sich uns Lebensräume, in denen wir ganz wir selbst sind und aus dieser Kraft neue Schritte planen können. Rückzugsorte, von wo aus wir hinausgehen und das Alltagsleben bestehen können, sind eine wichtige Voraussetzung für unsere Gesundheit.

Die Amsel rät uns, unsere Grenzen liebevoll und doch deutlich zu setzen. Nicht zu warten, bis sie überschritten sind, nicht zu hoffen, dass jeder den Anstand besitzt, dem wir gerne begegnen würden. Sondern aktiv zu werden.

Die Strategie der Amsel, die eigenen Ansprüche weitgehend an die gängige Form des Anstands anzupassen und sich in der Gruppe mit der Bekundung gängiger Regeln stark zu machen, ist mit Sicherheit vielversprechend. Doch wenn es um ganz persönliche Grenzen und deren Wahrung geht, muss jeder für sich den richtigen Ton finden und sich deutlich und nachhaltig klar ausdrücken.

Wie du dich mit der Kraft der Amsel schützen kannst

Dort, wo wir leben, müssen wir uns sicher und weitestgehend ungestört fühlen und wir brauchen Raum, um entspannen zu können. Unser »Daheim« muss ein Ort sein, wo wir uns gehenlassen können, ohne uns bloßgestellt zu fühlen. Die eigene Privatsphäre darf nicht verletzt werden. In meiner eigenen privaten Welt muss ich selbst entscheiden dürfen, wen ich hineinlasse.

Um einen solchen Ort für uns schaffen zu können, brauchen wir ein Netzwerk mit anderen Menschen, die dasselbe Bedürfnis haben und es verteidigen. Die Strategie der Amsel funktioniert deshalb auch in unserem Menschenleben gut. In unseren sozialen Netzwerken achten wir auf den guten Ton. Höflich gehen wir mit den wichtigen Menschen in unserem Leben um, respektieren deren Privatsphäre und bleiben trotzdem mit unserem Standpunkt, unserer Meinung sichtbar. Damit machen wir deutlich, wer wir sind und welche Einstellung wir haben. Es entsteht eine Art Revier, in dem wir uns bewegen und entscheiden können.

Entwicklung und Veränderung findet in diesem Netzwerk auch dadurch statt, indem wir uns höflich und respektvoll austauschen und neue Ideen sanft in unsere Meinungen einfließen lassen. Dringt aber jemand in dieses Revier ein mit dem Willen, uns zu überzeugen, zu ändern, zu manipulieren oder zu erziehen, ist es stimmig, uns deutlich und für alle sichtbar zur Wehr zu setzen. Das Netzwerk der Gleichgesinnten darf als Verstärkung herbeigerufen und der Eindringling mit Schimpf und Schande vertrieben werden. Die innere Stille und der wahre Kern in dir muss dabei nicht gestört werden. Das Weibchen, die Weiblichkeit in dir, brütet im Verborgenen und im Vertrauen, dass deine männliche, aktive Kraft schützt und regelt.

Eine Karte für die Freundschaft

Pflege dein soziales Netzwerk. Schreibe deinen Lieben, den Menschen, die dir viel bedeuten und von denen du weißt, dass sie zu dir stehen, ab und zu eine schöne Karte. Es braucht dabei keinen rührseligen Text, nur einen herzlichen Gruß oder ein einfaches Hallo. Schön ist es, wenn die Karte zur Persönlichkeit deiner Freundin oder deines Freundes passt. Wähle ein Motiv, das euch verbindet, oder sogar ein gemeinsames Foto, das eure Freundschaft unterstreicht.

Kennst du deine Grenzen?
Kontrolliere deine Grenzen, überprüfe dein Verhalten bei Abgrenzungen generell und mache entsprechende Anpassungen.

Weißt du, was du dir von anderen im Umgang mit dir wünschst?
Hältst du Grenzen, deren Einhaltung du dir von anderen wünschst, auch selbst dir gegenüber ein?
Vielleicht möchtest du, dass deine Mitmenschen höflich sind zu dir. Bist du immer höflich zu dir und anderen?
Wenn nicht, wann und warum?

Bär

(Ursidae)

HERKUNFT, URSPRUNG

Eigenschaften und Lebensweise des Bärs

Bären leben in Eurasien und Amerika. Sie sind Einzelgänger und Allesfresser, doch Fleisch und Fisch sind wichtige Bestandteile ihrer Ernährung. Mit ihren kräftigen Pranken graben sie Wühlmäuse, Murmeltiere und Ziesel aus ihren Höhlen aus. Größere Säugetiere werden mit Hieben gegen den Kopf getötet.

Der Bär ist für seine Größe und sein Gewicht erstaunlich schnell. Um die fünfzig Stundenkilometer erreicht er.

Im Frühling, nach der Winterruhe, und im Herbst, bevor es sich wieder in die Höhle zurückzieht, ist das mächtige, massige Tier fast Tag und Nacht auf Futtersuche. In dieser Zeit sind Bärenbegegnungen gefährlich. Fallwild ist sehr begehrt. Auch Haustiere, die unbewacht sind, stellen eine leichte Beute dar. Im Sommer, wenn ein reichhaltiges Nahrungsangebot vorhanden ist, meidet der Bär die Begegnung mit den Menschen oder er ignoriert sie. Dann ist er nur abends und in der Nacht aktiv und schläft tagsüber.

Die Paarungszeit ist zwischen April und August. Die befruchteten Eizellen nisten sich jedoch erst ein, wenn sich die Bärin zur Winterruhe in die Höhle zurückzieht. Die Jungen werden nackt und blind zu Beginn der Winterruhe geboren. Beim Verlassen der Höhle können sie der Bärin dann bereits selbstständig folgen.

Die riesigen Tiere haben einen hohen Nahrungsbedarf. Daher lassen sie sich von dem Nahrungsangebot leiten und legen auf ihren Streifzügen weite Strecken zurück. Im Herbst ziehen sich die Bären wieder in die Umgebung der Höhle zurück, wo sie sich in ihren langen Winterträumen mit der Erde verbinden.

Was dir der Bär sagt

Verbinde dich mit der Mutter Erde. Sie ist es, die dich mit ihrer Liebe nährt und dir Geborgenheit, Ruhe und Schutz bietet. Sie macht dich stark und gibt dir den Raum, dein Leben zu leben. Die Erde ist die Quelle der göttlichen Liebe. Sind wir mit ihr verbunden, werden wir durch ihre bedingungslose Liebe gestärkt.

Es sind unsere Ahnenseelen, die uns mit der Erde und dem Ursprung des Lebens auf ihr rückverbinden. Wie weit unser Stammbaum zurückreicht, kann man nicht sagen, aber es ist bis heute eine Art Vertrag, den unsere Seele mit der Erde eingeht. Ein Vertrag, der uns dazu berechtigt, hier leben und lernen zu dürfen, angeschlossen an die Liebe und mit unendlich vielen Möglichkeiten, von einer Generation zur nächsten.

Wie du dich mit der Kraft des Bären schützen kannst

Der Bär erinnert uns daran, dass uns hier auf der Erde ein Platz zusteht. Dabei geht es nicht um den Platz in der Gesellschaft, sondern um unseren Platz in der Liebe der Mutter Erde. Diese Liebe macht uns stark, verleiht uns Bärenkräfte und gibt uns das Recht, im riesigen Angebot der irdischen Vielfalt nach dem zu suchen, was uns wirklich nährt und der Seele guttut.

Sind wir mit unserer Seele verbunden, sind wir auch mit der Erde verbunden. Und auch mit den Seelen unserer Ahnen. Nicht mit ihrer Person und ihrer Geschichte, nur mit ihrer vollkommenen Seele. Unser Dasein birgt dadurch ein enormes Potenzial an Liebe und Licht, an Kraft und Wissen. Der Bär hilft uns, uns damit zu verbinden.

Es gibt Situationen, in denen wir uns als Menschenkind klein und hilflos fühlen im Strudel der Geschichte. Der Bär nimmt uns dann mit in seine Höhle und wir dürfen uns an seinen Körper schmiegen, in seinen dicken Pelz kuscheln und uns sicher und wohl fühlen. Wie früher als Babys bei unserem Teddy. Dieses Bild beruhigt sehr und verbindet mit der Kraft aus der Liebe der Erde. Die Schutzbotschaft des Bären ist nicht der Kampf, sondern die Geborgenheit. Ihn als Begleiter zu wissen beruhigt auch in turbulenter Zeit, in der wir Wandel und Änderung ertragen müssen.

Wir gehen unseren Weg, suchen aus, was wir jetzt brauchen, und wenn wir uns bedroht fühlen, gilt es, sich aufzurichten zu der ganzen Größe des Bären und die Stimme zu erheben. Wenn du dich in einer Situation fürchtest, stelle ihn dir einfach vor, den mächtigen Bären, der drohend aufgerichtet in deinem Rücken steht und seine Zähne zeigt.

Meditation: Erde und Ahnenkraft

Richte dir für diese Meditation einen bequemen Platz ein, an dem du ungestört bist.

Stelle in einem möglichst großen Kreis um deinen Platz vier Kerzen in den vier Windrichtungen auf.

Eine fünfte Kerze stellst du direkt vor dich. Lege ein schönes Bärenbild, das du zuvor zum Beispiel im Internet rausgesucht hast, unter diese Kerze.

Entzünde die vier Kerzen und auch die vor dir.

Setze dich bequem hin, atme ruhig und tief und schließe deine Augen.

Lass dich behutsam tief in deine Mitte, in deine Stille sinken. Lass alles Äußere los und werde ganz ruhig. Es ist dunkel und still in dir.

Stelle dir vor, dass du tief in der Erde in einer Höhle

liegst, neben einem mächtigen, starken Bären. Du bist an seinen Pelz gekuschelt, lauschst seinem ruhigen, tiefen Atem und fühlst den Rhythmus seines Herzens. Es sind kräftige, regelmäßige Pulsschläge. Du bist geborgen und geschützt und lässt alles los, was dich belastet. Die Kraft des Bären hilft dir dabei. Dann schläfst du an den Bären gekuschelt ein.

Im Traum siehst du, wie der Bär dich sanft weckt und dich auffordert, mit ihm tiefer in die Höhle zu kommen. Du stehst auf und folgst dem Bären auf einen Höhlengang zu, der von sanftem Fackellicht erhellt ist. Der Bär geht voran und du folgst ihm.

Der Weg führt zuerst nur wenig, dann immer steiler hinab. Hier lädt der Bär dich ein, auf seinen Rücken zu steigen und dich ganz fest in seinem Pelz festzuhalten. Dann läuft er los. Unendlich schnell läuft der Bär in die Tiefe der Erde. Dem großen Herzschlag der Mutter Erde entgegen. Liebe strömt dir entgegen und du fühlst dich gerufen, eingeladen, erwartet.

Der Bär läuft auf diese Quelle der Liebe zu und kommt dann in eine große Halle, in deren Mitte eine wunderschöne, lichtvolle Göttin steht. Der Bär bleibt stehen und du steigst von seinem Rücken. Die Göttin heißt dich willkommen. Sie erklärt dir, dass du hier in der Halle der Liebe bist, ganz nah am Herzen der Mutter Erde. »Ich bin hier, um dich zu empfangen und um dir ein Geschenk der Erde zu geben«, sagt sie. »Ich bin, wie jede Göttin, ein Teil der Mutter Erde und ich freue mich, dass ich für dich da sein darf.« Mit diesen Worten umarmt dich die Göttin sanft und ihr Licht durchwirkt dein ganzes Sein.

»Komm mit«, fordert sie dich auf und bringt dich zu einem niederen Podest, auf dem eine viergeteilte Scheibe in der Größe eines Schildes liegt. Jedes Viertel ist aus einem

anderen Edelstein gefertigt. Die Göttin fordert dich auf, auf dieses Podest und die Scheibe zu steigen, und sie richtet dich so aus, dass du vor dir das Tor in der Höhlenwand siehst. Sie stellt sich hinter dich, legt dir ihre Hände auf die Schultern und erklärt dir: »Ich werde nun die vollkommenen Seelen deiner Ahnen herbeirufen. Es ist das reine Sein deiner vier Seelenstämme, vertreten durch deine Großelternseelen. Du wirst sie nicht erkennen aus deiner Geschichte. Sie sind die Säulen deines Lebens, alle Liebe, die dir geschenkt wird, kommt durch sie.«

Dann ruft sie einen lichten, wahren Namen. Unverständlich wie ein himmlischer Klang. Im Tor vor dir erscheinen vier Lichtgestalten und stellen sich in den vier Himmelsrichtungen um dich herum auf. Jede der Lichtgestalten öffnet ihr Herz und schickt dir ihr Licht. Die Edelsteine unter deinen Füßen beginnen zu strahlen und die Kraft aus der Scheibe strömt in deinen Körper ein. Kreisend, wirbelnd strömen die vier Kräfte durch deinen ganzen Körper, durch dein Fühlen und Denken, durch dein Sein.

Die Göttin flüstert dir zu: »Öffne dein Herz.« Du konzentrierst dich auf dein Herz und atmest tief in dein Herz. Liebe strömt hinein. Nun flüstern die Göttin und die Ahnenseelen immer weiter. »Öffne dein Herz weiter, weiter und noch weiter.« Atemzug um Atemzug lässt du dein Herz weiter werden und erfüllst es mit Liebe. Die Liebe durchwirkt dich und alles, was an Leid und Kummer im Zusammenhang mit deinem Ursprung, deiner Herkunft noch in dir ist, darf nun losgelassen und geheilt werden. Die Ahnenseelen und auch du selbst übernehmen die Verantwortung für das, was ist, und wandeln es zu dem, was sein darf.

Die Göttin ruft den Bären und sagt: »Es ist Zeit, zurückzugehen. Ich werde von hier aus dafür sorgen, dass der Fluss der Liebe heil bleibt.« Du bedankst dich bei der Göttin und bei den Ahnen und steigst wieder auf den Rücken des Bären.

Schnell und kraftvoll trägt der Bär dich wieder hinauf, aus der Tiefe in die Bärenhöhle. An den Bären gekuschelt erwachst du. Dein ganzes Sein ist voller Freude und Liebe. Du streckst dich und steigst aus deinem Inneren hinauf und hinaus ins Hier und Jetzt. Du öffnest deine Augen.

Biene, Honigbiene
(Apis)

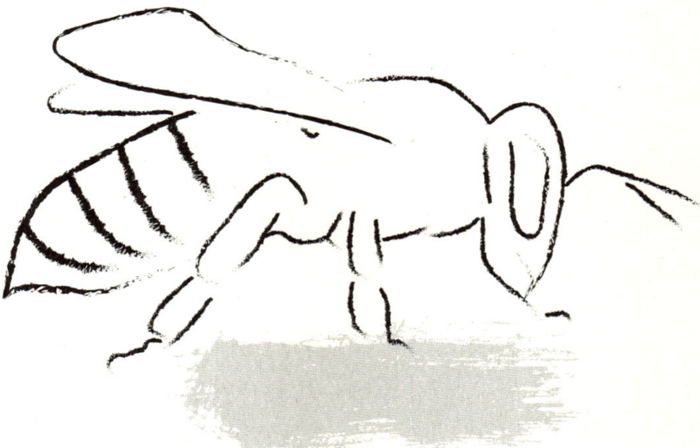

SEIN

Eigenschaften und Lebensweise der Biene

Es gibt viele verschiedene Bienenarten. Nicht alle werden zur Honiggewinnung genutzt. Zu den Staaten bildenden Honigbienen gehören etwa zehn verschiedene Arten. Bienen sind etwas Besonderes und für die Natur enorm wichtig. Sie leben in einer Gesellschaft um die Bienenkönigin herum und verrichten je nach Alter verschiedene Aufgaben im Stock.

Das Leben der Arbeiterinnen ist nur kurz. Zuerst betreuen sie die Larven bis zu deren Verpuppung und leisten dann Hilfe beim Schlüpfen und Aufziehen. Dann sind sie als Wächterinnen für den Schutz des Bienenstocks zuständig.

Zu ihrem Schutz sind sie mit einem Giftstachel bewaffnet, den sie auch einzusetzen wissen, wenn dem Stock oder ihnen selbst Gefahr droht. Gegen Insekten kann der Stachel vielfach eingesetzt werden, doch wenn eine Biene einen Menschen sticht, verhakt er sich durch die kleinen Widerhaken in der Haut und wird aus der Biene gerissen. Diese stirbt also, wenn sie einen Menschen sticht.

Am Ende des etwa vierwöchigen Lebens fliegen die Arbeiterinnen noch einige Tage lang aus und sammeln Nektar. Bienen schlucken Nektar und Honigtau, beides gelangt in ihrem Körper in die sogenannte Honigblase. Die Flüssigkeit aus der Honigblase tauschen Bienen so lange untereinander aus, bis daraus durch die Mischung von Pflanzensäften und Enzymen aus dem Bienenkörper schließlich der Honig entsteht. Der Honig dient dem Bienenvolk als Wintervorrat.

Beim Sammeln des Nektars verrichten die Bienen aber auch eine weitere, sehr wichtige Aufgabe für die Natur und auch für uns Menschen. Sie befruchten die Blüten mit den Pollen, die beim Sammeln an ihnen kleben bleiben. Nur so können Früchte und Samen entstehen.

Was dir die Biene sagt

Die Biene erinnert uns an unser wahres Sein. Tief in uns, hinter der Geschichte, hinter der Persönlichkeit und auch hinter unserem menschlichen Bewusstsein, ist unser reines, aus der Schöpfung geborenes Wesen, das vollkommene, königliche Sein.

Betrachtest du dein inneres Sein als Bienenkönigin, dann sind all die vielen Gedanken und Gefühle das Bienenvolk. Genau wie bei einem Bienenhaus herrscht in deinem Gefühlskörper reger Betrieb. Die Arbeiterinnen, sie entsprechen der Aufmerksamkeit, fliegen aus dem Bienenstock aus und suchen nach dem Nektar der Blüten im Umfeld. Diese sind die Inspirationen deines Lebens, die aufblühen und befruchtet werden möchten. Nur so werden sie für dich auf deinem Entwicklungsweg nährend.

Wenn du mit deinem Fühlen und Denken stets nach dem Guten und Schönen suchst, dich diszipliniert an Erfreulichem labst, wirst du in deiner Welt genau das fördern, was dich glücklich macht.

Wie du dich mit der Kraft der Biene schützen kannst

Bist du in Angst und Sorge, drehen deine Gefühle und Gedanken in einer Abwärtsspirale des Kummers, dann kannst du dich mit den Bienen verbinden. Sie bringen dich zurück in deine Mitte, zurück zur Quelle deines Seins, wo die Süße des Lebens dich nährt.

Es mag sein, dass im Außen gerade einiges in Schieflage geraten ist, doch in der Quelle deines Seins bist du geschützt und genährt. Lenke dich von der äußeren Welt ab und kehre in dich selbst ein. Erinnerst du dich? Du bist ein göttliches Geschöpf. Vom Licht der Liebe Gottes gezeugt und nach dem Willen der Göttlichkeit folgst du hier in der Welt deinem einzigartigen Lebensplan. Alles an dir ist richtig und gut. Höre auf zu kämpfen, für das Recht, du selbst zu sein, höre auf, dein Glück und deine Bestätigung in äußeren Situationen zu suchen. Du brauchst weder Opfer zu bringen noch mit Borstigkeit dein Anrecht auf Glück zu erzwingen. Du bist ein wundervolles Wesen und kannst deine Welt mit deinem eigenen Licht, deiner Liebe zum Erblühen bringen.

Ruhe dich aus, indem du dir einen Strauß voller wundervoller Blumen schenkst und eine kurze Pause einlegst. Atme durch, spiele deine Lieblingsmusik, öffne die Fenster und lass frischen Wind hinein. Dann stelle dich vor den Spiegel und lächle dir zu. Aufrecht und gerade, mit offenem Herzen und wachem Geist. Schließe das in dir ab, was dich erniedrigt und dir deine Würde genommen hat. Beginne als wahre Königin, als wahrer König deines Lebens neu. Suche und finde die Freude, wehre Angriffe ruhig und selbstbewusst ab und lass Erschwerendes immer mehr zurück.

Lass deine Sonne erstrahlen

1. Nimm ein großes Blatt Zeichenpapier und male über das ganze Blatt eine Sonne mit Strahlen darauf.
2. In diese Sonne und auf ihre Strahlen schreibst du all deine wunderbaren Eigenschaften auf, die du lebst und die in dir, als Kind der Schöpfung, angelegt sind. Nutze Adjektive wie beispielsweise die folgenden: schön, stark, mutig, liebevoll, zärtlich, weise, bewusst, lustig. Oder schreibe ganz andere Eigenschaften auf, die du als positiv wahrnimmst. Das müssen keine Charaktereigenschaften sein, die du vervollkommnet hast und dauernd lebst. Es genügt, wenn du sie in dir hast, zumindest im Ansatz. Sei großzügig mit diesen Begriffen. Schöpfe aus dem Vollen. Oft stimmen auch gegenteilige Begriffe. Ich kann durchaus friedliebend *und* kämpferisch sein. Auch mutig *und* verletzlich oder selbstbewusst *und* anschmiegsam.
3. Hänge deine Sonne an einem gut sichtbaren Ort auf, lies die Begriffe immer mal wieder durch und füge neue hinzu. Vielleicht suchst du regelmäßig Eigenschaften aus, denen du besondere Aufmerksamkeit schenken möchtest, um sie zu fördern und zu stärken.

Mache dir die Fülle der positiven Eigenschaften bewusst und erinnere dich damit stets an das Wunder deines Seins.

Bison

(Bos bison)

GEBET, REICHTUM, FÜLLE

Eigenschaften und Lebensweise des Bisons

Der Bison ist zu der Zeit, als die Landbrücke zwischen Alaska und Sibirien existierte, aus Europa nach Amerika gewandert. Eine Unterart des Bisons lebt in Europa: der Wisent. Der Bison ist das größte Landsäugetier der USA. Er gehört zur Gattung der Eigentlichen Rinder und ist daher unserem Hausrind im Hinblick auf seine Eigenschaften und die Bedeutung als Schutztier ähnlich.

Wie alle Rinder sind Bisons sehr soziale Tiere. Kühe und Kälber sammeln sich in Herden und folgen den uralten Routen, auf denen die Büffel immer gezogen sind. Die Bullen sind allein oder in Kleingruppen von zwei bis drei Tieren in ihrer Umgebung unterwegs. Nur zur Paarungszeit leben sie mit den Muttergruppen zusammen und fechten ihre Kämpfe um die Gunst der Damen aus. Ist das Land trocken und dadurch das Gras knapp, schließen sich die kleinen Gruppen zu riesigen Herden von Tausenden von Tieren zusammen. So im Verbund, wandern sie weite Strecken auf der Suche nach Grasland und Wasser.

Für die amerikanische Urbevölkerung waren diese Herden existenziell. Der Bison versorgte die Menschen mit vielem, was diese zum Überleben benötigten. So haben die Indianer den Bison als Geschenk der Götter gesehen. Sie haben für ihn gesungen, getanzt und gebetet. Wenn dann die Herden gekommen sind, wenn der Boden unter gewichtigen Huftritten erbebte und sich der Staub, den die mächtigen Tiere aufwirbelten, hoch in die Luft erhob, war der Moment gekommen, da die Hoffnung auf Fülle nur noch vom Geschick der Jäger und dem Fleiß des gesamten Stammes abhing. Die Gebete waren erhört worden, doch die Fülle mussten sich die Menschen selbst erarbeiten.

Was dir der Bison sagt

Die Botschaft des Bisons ist wie bei allen Rindern die Fülle, der Reichtum. Das ist auf der ganzen Welt ähnlich. Die Rinder waren, und sind es teilweise noch, für die Menschen heilig. Sie nähren uns mit ihrer Milch, ihrem Fleisch und bieten uns eine Fülle an Stoffen, die wir zum Überleben brauchen.

Die mächtigste Urform der Rinder ist wohl der Bison. Der Bison erinnert uns an die Liebe der Mutter Erde und die Gnade des großen Geistes. Er weist uns darauf hin, dass wir reichlich beschenkt werden von der Schöpfung, dass unsere Gebete erhört werden und uns Fülle angeboten wird, wir uns die Fülle aber selbst erarbeiten müssen. Der Bison trägt keine gegerbten Decken zu uns, kein getrocknetes, geräuchertes Fleisch. Er bietet sich den Menschen an, doch er legt sich uns nicht zu Füßen. Es liegt an uns, die Geschenke der Fülle zu erkennen und mit der Kraft unserer Leistung zu würdigen. Dabei ist es sehr oft vonnöten, dass wir uns zu Gruppen der Liebe und des Respekts zusammenschließen und uns gegenseitig unterstützen. Dass wir gemeinsam die Gaben ernten und gerecht untereinander aufteilen.

Fülle, wie sie von der Natur geboten wird, spricht selten nur eine einzelne Person an. Wenn die Natur den Tisch deckt, tut sie das üppig und es ist dann genug für alle da. Daran erinnert uns der Bison. Er ermutigt uns, unsere Gebete zu den Göttern zu senden, mit den Klängen der Trommel, mit dem heiligen Rauch der Pfeife, mit der Stimme unserer Herzen. Inbrünstig, mutig und bewusst. Dann werden wir hingebungsvoll auf die Erfüllung warten können. Dann werden sich die Kräfte für uns vereinen und zur richtigen Zeit werden wir alle mit den Gaben überschüttet, welche wir in Dankbarkeit annehmen und uns zu eigen machen dürfen.

Wie du dich mit der Kraft des Bisons schützen kannst

Mit donnernden Hufen trägt der Bison dein Gebet durch alle Bereiche deines Seins und trägt so dazu bei, dass du erhört wirst in deiner Bitte.

Wende dich an die Menschen in deinem Leben, die dir mit Freundlichkeit, Liebe und offenem Herzen begegnen. Füge deine Kraft mit denen zusammen, die dir guttun, bei denen du dich wohlfühlst und die deine Stärken erkennen und deinen Weg des Lernens respektieren. Lass dich auf die Beziehung mit diesen Menschen ein und lebe fürsorglich und offen in diesen Verbindungen.

Geben und Nehmen ist der Schlüssel zu dem Gefühl der existenziellen Sicherheit. In einem Feld von Liebe und Gemeinschaftssinn bist du geschützt, getragen und sicher. Der liebevolle Umgang, die achtsame Freundlichkeit und das Bemühen um gegenseitiges Verständnis sind die Kräfte, die wie ein Gebet wirken. Sie sind Werkzeuge, um das ins Leben zu holen, was dieses Leben unterstützt.

Um diese Gaben auch wirklich in das Leben zu integrieren, das angebotene Geschenk der Fülle in Reichtum zu wandeln, musst du aus der Kraft des Herzens empfangen und das Nötige leisten. Du musst geben, um nehmen zu können, rechtschaffen Leistung erbringen, um reich zu sein. In der Fülle zu leben heißt nicht, viel Geld oder zahlreiche Dinge zu besitzen, sondern sich des inneren Reichtums bewusst zu sein und diesen auf allen Ebenen des Lebens an alle Zugehörigen herzlich zu verteilen.

Öffne dein Herz, verbinde deinen Herzschlag mit der Mutter Erde und bete ein eigenes Herzensgebet für dich, für deine Freudinnen und Freunde und für die Welt, in der du lebst. Bedanke dich für die Geschenke der Natur und für deine Talente, dein Wissen und deine Fähigkeiten, um diese auch erhalten zu können.

Die Bisonherden der Erfüllung kommen nicht heimlich, unmerklich in dein Leben. Sie kommen offensichtlich, unausweichlich und mit mächtigem Donner zu dir. Das Angebot ist größer, als du es erwartet hast, und es steht dir frei zu nehmen, was du brauchst und willst. Vergiss aber trotz der überraschenden Fülle die Dankbarkeit nicht.

Trommelgebet

Lege dir eine (gekaufte oder selbst gebaute) Trommel bereit.

Entzünde einige Räucherstäbchen oder anderes Räucherwerk, das Weiblichkeit und Männlichkeit symbolisiert.

Schlage die Trommel und betrachte den Rhythmus als Gebet für alles, was du sein willst und in deiner Welt erleben möchtest. Trommle für die Verbindung zur Erde, zum Wasser, zur Luft und zum Feuer. Trommle für die Verbindung in Liebe und Freundlichkeit mit dem, was mit dir in deiner Welt lebt. Trommle dich frei von Sorgen und trommle dir deine Kraft und deinen Mut herbei. Trommle deine Talente und Fähigkeiten herbei und stärke diese. Bete um die großen Gaben, die zu empfangen du bereit bist.

Singe deine Seelentöne, tanze zum Takt der Trommel und lass den heiligen Rauch deine Bitten in die Himmel tragen. Du wirst ganz sicher erhört werden.

Bau dir eine Blumentopf-Trommel

Eine Trommel selbst zu bauen ist gar nicht schwer. Du brauchst dazu nur einen tönernen Blumentopf und eine Rolle Klebeband.

1. Spanne Klebeband straff über die obere Öffnung. Am besten schneidest du immer gleich lange Streifen ab und klebst sie nur leicht überlappend nebeneinander.
2. Fahre so fort für drei bis vier Lagen und achte darauf, dass das Klebeband am Rand gut klebt und immer schön straff ist. Nun klingt deine Trommel bereits.
3. Jetzt kannst du deine Trommel noch bemalen und verzieren, wenn du magst.

Einfach und schnell geht das Blumentopf-Modell, hat aber natürlich nicht den perfekten Klang. Willst du eine richtig gute Trommel, gibt es Kurse, in denen du lernst, dir eine Trommel aus Tierhaut zu bauen.

Delfin
(Delphinidae)

LEBENSATEM, RHYTHMUS

Eigenschaften und Lebensweise des Delfins

Der Delfin gehört zur Familie der Wale und ist ein Meeressäuger. Er gebärt lebende Junge, welche er etwa eineinhalb Jahre säugt. Delfine leben in Gruppen im Meer, einzelne Arten auch in großen Flüssen wie dem Amazonas und dem Jangtsekiang.

Weil der Delfin mit Lungen atmet, muss er im Abstand von einigen Minuten immer wieder auftauchen, um Luft zu schöpfen. Sein ganzes Leben ist geprägt von diesem Rhythmus. Auf der Jagd wechseln sich die Tiere der Jagdgruppe beim Abtauchen rhythmisch ab. Da sie untereinander sehr verbunden sind und sie sich über ihre erstaunlich vielschichtige Lautsprache absprechen können, verlieren sie das Ziel trotz des Luftholens nicht aus den Augen oder besser aus dem Gehör, denn gejagt wird mithilfe eines sehr präzisen Echolotsystems.

Delfine besitzen ein großes Hirn und sind auch intelligent. Sie benutzen Werkzeuge, wenn sie in den Riffen nach versteckten Fischen suchen, was zeigt, dass sie über Problemlösungskompetenz verfügen. Bei einigen Arten, vor allem beim Großen Tümmler, hat man beobachtet, dass sich die einzelnen Tiere selbst eine Art Namen geben in Form von Pfiffen, die andere dann lernen und verwenden.

Delfine sind untereinander in ständiger Kommunikation. Sie pfeifen, quietschen, schnarren, klicken und schnattern. Man nimmt an, dass sie so auch ihre Bindung in der Gruppe verstärken. Außerdem spielen Delfine gerne und viel. Ist ein Tier krank, wird es von den anderen unterstützt und zum Atmen an der Wasseroberfläche gehalten.

Bei guter Wasserqualität und genügend Nahrung können Delfine fünfzig Jahre alt werden. Die Lebenserwartung der Weibchen ist deutlich höher als die der Männchen.

Was dir der Delfin sagt

Der Delfin erinnert uns daran, dass wir im Leben beständig einem Rhythmus von Nehmen und Geben, Ein- und Ausatmen, Wachsein und Schlafen unterliegen. Das Gesetz der Polarität ist eine sehr wichtige Grundlage, um unser Leben bewusst lenken zu können. Wir müssen die Rhythmen des Lebens nicht nur akzeptieren, sondern auch nutzen lernen.

Das ist für das eigene Leben sinnvoll, aber auch im Zusammenleben mit unseren Mitmenschen von großer Bedeutung. Ein Team, das zusammen etwas erreichen will, muss funktionieren. Jeder muss seinen Rhythmus im Einklang mit den anderen leben. In den Gruppen der Menschen, mit denen wir unser Leben hauptsächlich gestalten, ist es wesentlich, dass wir miteinander reden. Nicht nur reduziert auf die wichtigsten Infos, sondern über alles, was uns bewegt.

Reden und Zuhören ist in einer Familie, in einer Beziehung, im Team oder im Umfeld so wichtig wie das Atmen für einen Körper. Gefühle, Gedanken pulsieren lebendig zwischen den Beteiligten hin und her, geben Impulse, ermöglichen Erfahrungen, heizen Prozesse an, beschwichtigen Krisen. Ohne diesen Rhythmus der Kommunikation erstickt eine Beziehung förmlich.

Wie du dich mit der Kraft des Delfins schützen kannst

Es gibt viele Momente, in denen es dir guttut und hilft, dich mit dem Delfin zu verbinden. Immer dann, wenn ein Austausch ins Ungleichgewicht und das Zirkulieren von Energie, Lebendigkeit und Begeisterung ins Stocken geraten ist.

Ganz besonders ist er aber in den Momenten eine starke

Unterstützung, wenn dein Kopf und dein Herz sich in entgegengesetzten Standpunkten festgefahren haben und die beiden Überzeugungen kaum mehr zu vereinbaren sind. Der Delfin durchbricht die Grenze zwischen Wasser und Luft in regelmäßigen Abständen. Er holt sich in der mentalen Welt einen Atemzug und lebt dessen Information in der Welt des Fühlens, dem Wasser. Der Delfin zeigt dir, dass du deinem Herzen folgen kannst und du ihm auch vertrauen darfst. Es ist das Herz, das uns im echten Leben lenkt. Doch der Verstand hilft zu navigieren.

Wenn du also in der Situation bist, dass dein Herz etwas ganz anderes leben möchte als der Verstand, folge dem Herzen. Nur einen ersten kleinen Schritt. Beobachte dabei deine Gefühle, deine Gedanken und erzähle dir und den wirklich vertrauten Menschen um dich herum, was dich bewegt. Keine der Meinungen der anderen ist für dich wirklich maßgebend. Aber es ergeben sich Impulse für dich und deinen Verstand, die Situation möglichst vielschichtig wahrzunehmen. Nach dem ersten Schrittchen und dem Input, der vielleicht von außen gekommen ist, frage wieder den Verstand und nimm erneut seine Meinung zur Kenntnis. Dann tauche wieder ab ins Fühlen und folge wieder einen weiteren Schritt dem Herzen.

Dein Herz will dich genauso schützen wie dein Kopf, es wird dich nie verraten oder fehlleiten, wenn du auf den Austausch mit dem Verstand achtest und diesen nicht einfach wegschiebst. Löse dich von der Vorstellung, dass das Herz oder der Kopf recht haben muss. Sie haben beide recht, und wenn du sie beide gleichermaßen ernst nimmst, werden sie dich sicher durch die Situation navigieren.

Öffne dein Herz

Backe oder kaufe einen Kuchen und besuche damit jemand Wichtiges aus deiner Familie. Das können die Eltern sein, Geschwister, nahe Verwandte oder auch ein guter Freund, eine gute Freundin.

Versuche, während des Besuchs dein Herz sehr offen zu halten, und lass die Person von sich und ihrem Leben erzählen. Höre zu, frage nach, achte auf die Informationen, die auch dir etwas bedeuten und hilfreich sind. Es sollte, wenn möglich, ein fröhliches und herzliches Gespräch sein. Versuche zu erkennen, wann die Person aus dem Herzen spricht und wann aus dem Kopf. Bestärke die Herzensaussagen. Versuche, selbst aus dem Herzen zu sprechen.

Frage dich später daheim:

Gelingt es dir leicht, zuzuhören und in der Liebe zu bleiben? Fühlst du dich in einem Gespräch persönlich betroffen? Kannst du Fragen anderer Menschen offenlassen und so lange nur zuhören, bis sie selbst beginnen, sich die Antwort zu geben?

Nun lass dein Herz dir erzählen, was es nach diesem Besuch beschäftigt. Versuche, auch dir selbst zuzuhören. Schreibe auf, was dein größter Herzenswunsch ist, und versuche zu erkennen, wie dein Herz vorgehen möchte, um den Wunsch zu erfüllen. Unterstütze diesen Weg mit deinem Kopf. Aber folge der Stimme des Herzens.

So kannst du im Alltag von der Kraft der Delfine profitieren

- Delfinstimmen und Walgesängen lauschen auf CDs oder im Internet.
- Dokumentationen oder Filme wie *Daffy und der Wal** ansehen.
- Schmuckstücke mit Walen und Delfinen am Körper tragen.
- Organisationen zum Schutz von Walen und Delfinen unterstützen.

---

* Lord, Jean-Claude (1988): *Daffy und der Wal* [Film], Kanada: Rock Demers, Lorraine Du Hamel.

Eichhörnchen
(Sciurus vulgaris)

SAMMELN

Eigenschaften und Lebensweise des Eichhörnchens

Das Eichhörnchen gehört zu den Tieren, die wir in unser Herz geschlossen haben. Mit seinen großen Augen, dem kecken Gesichtsausdruck, dem buschigen Schwanz und der sitzenden Haltung, die es oft einnimmt, gilt es als herzig und unschuldig, wenn auch etwas vorwitzig.

Die Eichhörnchen leben in den Bäumen und sind hervorragende Kletterkünstler. Der buschige Schwanz wird wie eine Art Ruder und Steuer genutzt, wenn sie in rasanter Geschwindigkeit über die Äste laufen und in gewagten Sprüngen zur nächsten Baumkrone wechseln. In kühlen Nächten dient er auch als warme Decke. Das niedliche Tier ernährt sich von Knospen, Blüten, Früchten, Nüssen, Samen und auch von Eiern und Kleintieren. Es wohnt in Baumhöhlen oder selbst gebauten Nestern, Kobel genannt, die es in die Äste webt. Von diesen Nestern hat es oft mehrere an verschiedenen Orten im Revier in Gebrauch.

Da das Eichhörnchen vor allem im Sommer und Herbst ein großes Nahrungsangebot findet, sammelt es fleißig Vorräte, welche es dann an gut erkennbaren Plätzen versteckt. Es prägt sich die Verstecke optisch gut ein und kann sie sich lange merken. Im Winter muss es die warme Höhle dann nur kurz verlassen, um die Vorratskammer wieder zu füllen. Wenn allerdings viel Schnee liegt, kann es manche Verstecke nicht mehr erkennen, und so sind ganz nebenbei neue Bäume gepflanzt worden.

Was dir das Eichhörnchen sagt

Das Eichhörnchen ermuntert uns, mit viel Fleiß und Freude für uns zu sorgen. Vorsorge zu treffen ist heute wieder vermehrt ein Thema und das ist ganz im Sinne des Eichhörnchens. Eifrig wuselt es durch das Gehölz und sammelt Nüsse und Samen, die es zum Transport in die Backentaschen stopft. Den Mund so richtig voll zu nehmen hilft dem Eichhörnchen, viele Vorräte zu sammeln.

Nüsse sind Vorräte, die lange gelagert werden können, doch auch Früchte und Baumaterial sammelt das Tierchen. Genauso sollten auch wir es machen. Wir müssen wissen, was wir brauchen, um uns über schwierigere Zeiten zu helfen oder auch nur, um uns das Leben zu vereinfachen.

Das Eichhörnchen ermahnt uns, in unseren aktiven Phasen fleißig, neugierig und beweglich zu sein. Doch es ist ein Tier, das auch seine regelmäßigen Pausen einlegt. Täglich wird Siesta gemacht in einem seiner Kobel. Es achtet darauf, bei Kräften zu bleiben. Auch uns dient es nicht, wenn wir unsere Kräfte ausbeuten oder ausbeuten lassen. Kräftesammeln ist eine wichtige Voraussetzung, um das Leben in seiner Vielfalt und Großartigkeit, aber auch in seiner Komplexität erleben zu können. Es ist nämlich nicht genug, einfach über die Runden zu kommen und immer nur am energetischen oder materiellen Existenzminimum zu kämpfen. Davon haben wir nicht wirklich viel. Es geht um Freude und Liebe, es geht um Begeisterung und Wachstum. Das Eichhörnchen sammelt kein Geld und auch keine Macht, es sammelt Erlebnisse und befreiende Eigenschaften.

Lerne, für dich von allem Vorräte zu sammeln, was du brauchst, um glücklich zu sein, und nicht nur von dem, was du brauchst, um knapp zu überleben.

Wie du dich mit der Kraft des Eichhörnchens schützen kannst

Wenn du dich mit dem Eichhörnchen verbindest, hilft dir seine Leichtigkeit, seine Fröhlichkeit, aber auch sein Schalk, in deinem Leben das zu finden, was dir guttut und was du gerne wieder und wieder erleben und genießen möchtest.

Es ist sinnvoll, Vorräte zu haben. Schaffe dir einige Lebensmittelvorräte an, liste auf, was du für deinen Haushalt oder im Lager brauchst und was für schwere Zeiten in deinen Vorrat gehört, wie Kerzen, Zündhölzer, Notfallapotheke und was du sonst noch wichtig findest. Sammeln macht Freude, vor allem wenn wir uns richtig damit beschäftigen.

Das Eichhörnchen sammelt und fordert dich auf, einen Notvorrat mit guten Gedanken und Gefühlen anzulegen. Dazu eignen sich erfreuliche Bilder, die dir Sicherheit und Liebe vermitteln: unerwarteter Besuch von lieben Freunden, die du bekochen kannst, weil du viele gute Sachen daheim vorrätig hast, ein verregnetes Wochenende, das du gerne gemütlich im Bett verbringst, denn du hast ja alles, was du brauchst.

Aber sammle nicht nur Bilder, die auf materiellen Vorräten basieren, sondern sammle Liebe. Die bekommst du in deinen Freundschaften, der Familie, in Beziehungen, auch von Haustieren, wenn du welche hast, oder aus der Natur, von deinen inneren Helfern und deiner Seelenkraft.

Schütze deine Geborgenheit und dein Sicherheitsbedürfnis mit allem, was du wirklich brauchst. Es geht nicht nur um schwere, entbehrungsreiche Zeiten, sondern es geht um jeden Moment. Es ist in jedem Augenblick ein gutes Gefühl, dass das, was du brauchst, erreichbar ist. Zum Beispiel ein Menschen, der dich gerade aufheitert, oder jemand, der dich begleitet auf einem Spaziergang, ein schönes Musikstück oder ein feines Essen. Du brauchst es und es ist unkompliziert und einfach erreichbar. Schreibe zum Beispiel auch die Adressen und Telefonnummern deiner wichtigsten Menschen auf. Auch das ist Sammeln.

Führe ein positives Tagebuch

Beginne, ein positives Tagebuch zu führen. Wähle dazu ein schönes, leeres Buch aus. In das positive Tagebuch trägst du regelmäßig positive Erlebnisse, Gedanken, Sprüche, Bilder, Erkenntnisse und Begegnungen ein. Du kannst auch liebe Menschen beschreiben und was dich Schönes mit ihnen verbindet, was du Beglückendes mit ihnen erfahren hast. Auch wenn manche Beziehungen nicht immer halten oder schön bleiben, so ist ein Erlebnis, das gut war und dein Herz berührt hat, auch später noch gut und berührend.

Gestalte das Buch farbig und achte darauf, dass du in guter Stimmung bist, wenn du die Einträge machst. Suche bewusst nach positiven Erlebnissen, die du im Buch beschreiben, erzählen oder abbilden kannst. Fällt dir nichts ein, zeichne etwas Buntes, klebe ein berührendes Bild ein oder schreibe dir selbst einen lieben Brief.

Das positive Tagebuch soll wie eine Art Schatz für dich sein. Wenn es dir einmal schlecht geht, du traurig oder gekränkt bist, dann lies in diesem Buch. Jeder positive Eintrag verbindet dich mit einem wahren Glück, einer wirklich empfundenen, guten Erfahrung in deinem echten Leben. Die Wirkung solcher Erinnerungen ist wie Balsam für dich. Du kannst dich aus dem Tief herausbewegen und dich an die Freude und den Lebensmut anbinden.

Pflege also das positive Tagebuch regelmäßig und achte bereits beim Schreiben darauf, dass das, was du in diesem Buch aufbewahrst, dein Herz auch wirklich erreicht.

Elch

(Alces alces)

SELBSTACHTUNG

Eigenschaften und Lebensweise des Elchs

Der Elch ist die größte noch lebende Hirschart. Man findet ihn vorwiegend in den weiten nördlichen Wäldern, Sumpfgebieten und Mooren Europas, Asiens und des nordamerikanischen Kontinents.

Männliche und weibliche Tiere unterscheiden sich voneinander nur gering. Die Elchkuh ist wenig kleiner, feiner gebaut und geweihlos. Der über dreijährige Bulle trägt ein mächtiges Schaufelgeweih, das er zwischen Dezember und Februar abwirft. Elche sind mächtige Tiere. Mit einem Stockmaß von etwa 1,40 bis über 2 Meter sind sie so groß wie ein Pferd oder auch größer.

Elche sind keine sehr sozialen Tiere und hauptsächlich Einzelgänger, die gerne in Ruhe gelassen werden wollen. Sie sind sehr wehrhaft und neigen dazu, anzugreifen, wenn sie gestört werden. Tatsächlich halten manche Elche für gefährlicher als Bären. Als geschickte Schwimmer und mit ihren langen Beinen und breiten Hufen sind sie gut an die Moore und wasserreichen Gebiete in der Taiga angepasst. Auch im Schnee kann sich der Elch leicht fortbewegen. Doch er meidet im Winter Gebiete, in denen große Mengen Schnee fällt.

Der Bär und der Wolf sind die Fressfeinde des Elchs. Mit der Flucht durch unwegsames, sumpfiges Gelände hat er jedoch große Chancen, seine Feinde abzuschütteln. Seine langen Beine können mit Leichtigkeit über Hindernisse steigen oder durch tieferes Wasser staksen, was den Verfolgern mehr Mühe bereitet.

Was dir der Elch sagt

Der Elch steht für Selbstachtung. Er erinnert uns daran, dass wir für uns selbst zuständig sind. Niemand ist in der Lage, so gut auf mich zu achten wie ich selbst. Niemand kennt mich so gut, wie ich mich selbst kenne, und niemand ist immer überall in meiner Geschichte dabei, wenn ich meine Erfahrungen mache und meine Entscheidungen treffe.

Emotionen geben uns oft das Gefühl, unseren Weg nicht mehr bewusst zu gehen. Wir verlieren uns in diesem, manchmal unkontrollierbaren, Gefühlskarussell, was uns den Schlaf, die Lebenskraft und den Verstand raubt. Für die Selbstachtung ist so ein Zustand nicht gerade förderlich.

Durch die moorigen, sumpfigen Emotionen, durch die unser Bewusstsein oft zu gehen hat, bis es eine Erfahrung so begriffen hat, dass sie zu einem sicheren Boden unter unseren Füßen wird, begleitet uns der Elch mit seiner stoischen Ruhe und unerschütterlichen Beharrlichkeit. Niemand ist besser darin, uns durch vermeintlich unmögliche Situationen auf unserem Lebensweg zu führen.

Wie du dich mit der Kraft des Elchs schützen kannst

Du rufst den Elch an deine Seite, um den Weg durch komplizierte, von aufgewühlten Gefühlen und unbegreiflichen Umständen erfüllte Phasen zu finden. Er wird dir immer wieder den sicheren Boden unter den Füßen zeigen, wird dich unaufdringlich begleiten und dir Ruhe verschaffen, wenn du Ruhe brauchst.

Gefühle haben viel Ähnlichkeit mit Wasser. Sie können seicht und leicht sein, tief und dunkel, brausend und zerstörerisch, wie Nebel können sie dir die Sicht nehmen oder dich wie ein Sumpf festhalten und hinab ins Schwere ziehen. Jedes Gefühl entspringt zuerst einmal einer einfachen Wahrnehmung. Dir eine reine Quelle in dir vorzustellen ist eine gute Möglichkeit, um deine Gefühle zu klären. Das Wasser kommt tief aus dir, es entspringt dem inneren Licht, ist von Liebe erfüllt und durchströmt dich bis unter deine Haut. Das wird dich einmitten und stärken.

Doch die meisten Gefühle in unserem Alltag sind wie Regen. Sie kommen aus dem Außen. Ereignisse, die uns treffen wie ein Regenschauer, gar ein Wolkenbruch, aus dem Umfeld. Ganz oft sind das wirklich auch Emotionen, Launen und Dramen der Personen um uns herum. Ob durch uns verursacht oder nicht, wir stehen nach so einem Gewitter da wie ein begossener Pudel. Es braucht dann Zeit und Ruhe, um sich wieder zu fangen, aufzurichten, zu trocknen und zur Selbstachtung zurückzufinden.

Vom Elch kannst du lernen, dass du in solchen Zeiten, in denen du nahe am Wasser gebaut hast, du mit Kübeln begossen wirst oder selbst das tiefe Verlangen hast zu wettern und der Damm deiner aufgestauten Emotionen zu brechen droht, einen eigenen Weg gehen musst. Keiner muss dich jetzt in die Arme schließen. Nein, du musst jetzt allein mit dem Elch durch diesen Sumpf waten und zur Ruhe kommen, die innere Flut zulassen, dich ausheulen und dem Wolf, er ist der Lehrer, und dem Bären, er steht für deine Herkunft, ausweichen, indem du den Weg durch deine Abgründe gehst. Du darfst klar und deutlich werden, wenn sich dir jemand in den Weg stellt, doch besser ist Rückzug.

Vertraue auf den Elch, er kennt den Weg und weiß, wie er dich auch vor deinen eigenen Emotionen schützen kann.

Wasserrituale

Nicht nur dein physischer Körper, auch dein Gefühlskörper braucht regelmäßige Reinigung und Pflege. Dazu kannst du folgende Rituale durchführen.

Lass Liebe durch dich fließen

1. Suche eine Brücke über einem fließenden Gewässer. Ideal wäre ein ruhiger Platz, wo du ungestört bist.
2. Stelle dich in die Mitte der Brücke und wende dich in Richtung der Quelle, des Flusses oder Baches. Werde ganz weit, öffne dich, atme tief und bewusst. Spüre, wie die Kraft des Wassers unter deinen Füßen vorbeiströmt.
3. Stelle dir vor, dass deine Vergangenheit wie mächtige Baumwurzeln tief hinab ins Wasser reicht. Lass alles aus der Wurzel waschen, was dich in deinem Leben heute belastet. Seien das Geschichten deiner eigenen Vergangenheit oder deiner Ahnen. Die Kraft des strömenden Wassers reinigt deine Wurzeln und frisches Wasser kann ungehindert und klar in dich einströmen.
4. Stelle dir vor, wie die höhere Energie des Fließens wie ein Strom über dem Fluss auch deinen ganzen Gefühlskörper und den physischen Körper durchströmt und dich von allen Sorgen und Betrübtheiten reinigt. Lass dich von der Liebe der Erde durchströmen und erfüllen.
5. Dann wechsle auf die andere Seite der Brücke und stelle dich mit dem Gesicht in die Richtung auf, wohin das Wasser fließt.
6. Öffne dein Herz und lass die Liebe, die nun in dir fließt, mit dem Fluss in die Zukunft deines Lebens strömen.

Stoppe das Gedankenkarussell

Wenn du völlig von deinen Emotionen bestimmt bist oder nicht mehr aus einem Gedankenkarussell herausfindest, hilft dir dieses kleine Ritual:

1. Stelle dich vor fließendes Wasser, eine geweihte Waschgelegenheit, einen Brunnen oder unter die Dusche.
2. Halte mindestens die Hände oder besser die Unterarme in das Fließen und lass den Stress aus deinem Solarplexus und aus deinem Körper strömen.

Übergib deine Unruhe den Bäumen

Eine ähnliche Wirkung wie von fließendem Wasser erzielst du auch, wenn du dich an einen starken Baum schmiegst, mit dem Rücken oder dem Bauch am Stamm, und die Unruhe an den Baum abgibst und dich gleichzeitig mit der Kraft des Baumes erfüllst.

Eule

(Strigiformes)

WEISHEIT

Eigenschaften und Lebensweise der Eule

Zur Ordnung der Eulen gehören etwa zweihundert verschiedene Arten. Sie sind auf der ganzen Welt verbreitet und kommen in unterschiedlichen Größen vor, doch ähneln sie sich in ihrem typischen Aussehen und Verhalten.

Die meisten Eulen sind Nachtjäger. Ihre Augen, ihre Ohren, ihr Gefieder und ihre Nackenwirbelsäule sind perfekt an das Nachtleben angepasst. Die Augen der Eule erlauben es ihr, im Dunkeln zu sehen, und zwar dreidimensional. Die Ohren sind versetzt am Kopf positioniert, was zur Folge hat, dass Eulen selbst in absoluter Finsternis genau orten können, woher ein Geräusch kommt. Dazu kommt, dass die Eulen nicht nur sieben, sondern vierzehn Nackenwirbel haben. So können sie ihren Kopf weit in beide Richtungen drehen. Durch die richtige Drehung des Kopfes in Kombination mit ihrem außerordentlichen Gehör kann die Eule auf der Lauer und selbst im Flug die Beute orten. Dazu ist die Eule beim Fliegen auch noch absolut lautlos unterwegs. Denn ihre Federn sind mit einem leichten Flaum überzogen, weshalb der Luftwiderstand auf den Federn kein Geräusch erzeugt. Die Beute ist ahnungslos und kann die drohende Gefahr bis zum tödlichen Zugriff weder sehen noch hören.

Eulen werden in den Mythologien verschiedener Völker sehr unterschiedlich gedeutet. Die einen sahen sie im Bund mit dem Teufel, andere waren sicher, dass sie mit den Hexen zu ihren »unheiligen« Ritualen flogen. Im Norden wollten Menschen dagegen sicher beobachtet haben, wie sie Odins Wilde Horde durch die Raunächte begleiteten. In anderen Kulturen stand die Eule in Zusammenhang mit dem Übergang ins Totenreich. Auch magische Kräfte wurden den Eulen nachgesagt und im alten Griechenland und Rom war die Eule die weise Begleiterin von Pallas Athene beziehungsweise Minerva. Vom stechenden Blick der Eule nahm man an, dass er die Wahrheit in den Menschen erkennen konnte, und so galt sie als Ratgeberin oder Manipulatorin.

Was dir die Eule sagt

Die Eule ist eine Ratgeberin. Sie begleitet dich auf deinem Weg und streift durch die Nacht deines Unbewussten. Sie spürt die verborgenen und geheimen Reaktionen und Bewegungen auf. Geht es dir wirklich gut, bist du in deiner Beziehung wirklich glücklich, hast du den Job, in dem du dich verwirklichen kannst, gefunden?

Die Eule kann die tiefe Wahrheit und die Muster hinter dem, was du dir selbst und anderen vormachen möchtest, genau erkennen. Sie wird die Stimmen der verborgenen »Dämonen« in dir hören, sie wird die »Teufel« finden, die dich manchmal reiten, sie wird erkennen, was dein Gewissen zu einer Situation zu sagen hätte, und kann ebenso die leise Stimme deines wahren Seins erlauschen.

Es ist nicht an der Eule, das zu bewerten, was sie in dir als verborgene Begründungen, als wirksame Muster und eindringliche Angstsuggestionen entdeckt. Sie macht dich darauf aufmerksam. Sie macht auf alles aufmerksam, was du gerne vor dir verborgen hältst, damit du ein bestimmtes Bild von dir nach außen hin aufrechterhalten kannst. Sie findet die Wunden, die von Niederlagen in deiner Geschichte künden, sie weiß um die Scham, die in dir schmerzt und dich an peinliche Irrtümer erinnert.

Aber auch deine als Hirngespinste abgelegten Wünsche und Träume begegnen ihr auf ihren Streifzügen durch dein Unbewusstes. Die Eule kennt dein Licht und sie sieht in dein

Herz. Jede Lüge, die du dir selbst erzählst, kann die Eule entlarven.

Wie du dich mit der Kraft der Eule schützen kannst

Mache die Eule zu deiner Wissensträgerin. Schicke sie los, um hinter dem Schein das Sein zu finden, und bitte sie, dir in den Träumen über natürliche Zeichen und Orakel davon zu berichten, was noch aufgearbeitet werden könnte.

Werte nicht, was du in dir entdeckst. Natürlich wirst du wie jeder andere auch Abgründe von Schmerz, Scham, Leid und Angst in deinem Inneren finden. Abgründe, die schon oft zu traurigen Erfahrungen in deinem Leben geführt haben. Doch wie die Eule nicht bewertet, was sie findet, solltest du das auch nicht tun.

Du solltest aber wissen, wodurch Schwierigkeiten angezogen werden könnten. Genauso wie Freude strebt auch Leid in uns danach, sich in unserer Geschichte zu manifestieren. Die Eule hilft dir, dich vor unliebsamen Überraschungen zu schützen. Dabei musst du nicht einmal konstant an dir arbeiten und all deine Dramen und Traumata auf den Tisch legen. Vorerst genügt es, dass du die Verantwortung für jeden Schmerz und jedes Leid, für jede Freude und jeden errungenen Sieg zu dir zurücknimmst. Wenn dir Unrecht getan wird, du verletzt, gekränkt oder verraten wirst, betrachtest du dich in diesen Geschichten sicher als Opfer und die anderen als Täterinnen und Täter. Doch das bringt dich nicht weiter. Du musst aus der Opferhaltung heraus. Es ist, wie es ist, und es ist Zeit, damit umzugehen.

Auch in der umgekehrten Rolle ist das wichtig. Auch du bist Täterin oder Täter und etwas in dir schämt sich dafür.

Und in der Rolle der Scham wirst du nicht heilen können. Es ist, wie es ist. Lerne aus dem, was das Leben dir bietet, und verzeihe es dir.

Mit den Täterinnen und Tätern in deinem Leben musst du keinen Kontakt pflegen. Du kannst die Geschichte nicht umdrehen und du musst die Geschichte auch nicht gutheißen. Aus schweren Erfahrungen müssen wir lernen und einen Weg ins Gute zurückfinden. Daher darfst du klar Nein sagen zu schlimmen Erlebnissen. Doch dein Leben muss dein Jawort wieder bekommen von dir, und zwar immer und immer wieder. Dies wird dich vor schlimmen Situationen schützen und du wirst immer seltener in die Täter- oder Opferrolle fallen.

Schreibe eine Eulengeschichte

Auf ihren nächtlichen Jagdausflügen beobachtet die Eule spannende Ereignisse. Begleite die Eule und schreibe ihre Geschichte aus ihrer Perspektive auf.

1. Stelle dir vor, wie die Eule in dunkler Nacht jemanden entdeckt, der in einer geheimen Mission unterwegs ist. Beobachte und belausche diese Person als Eule und schreibe deine Beobachtungen nieder. Lasse die Geschichte immer mehr zum Drama werden.
2. Wenn du das Gefühl hast, dass das Drama den Spannungshöhepunkt erreicht hat, halte inne mit dem Schreiben, kurz bevor wirklich schlimme Ereignisse geschehen. Die Geschichte muss jetzt irgendwie eine Wende hin zu einem Happy End nehmen.
3. Lege die Geschichte beiseite und mache etwas ganz anderes.
4. Kehre nach einigen Stunden wieder zu deiner Geschichte zurück und notiere verschiedene Versionen für ein

Happy End auf einige Notizzettel. Vielleicht haben Menschen in deiner Umgebung weitere Happy-End-Vorschläge für deine Zettel.

5. Rolle die Zettelchen zusammen oder zerknülle sie. Gib sie alle in eine Schale und stelle sie auf deinen Nachttisch. Nun bitte die Eule, jeden Abend auf die Suche nach der richtigen Antwort zu fliegen.
6. Am Morgen, gleich nach dem Erwachen, nimmst du ein Zettelchen aus der Schale und verbrennst es, ohne es zu öffnen.
7. So gehst du vor, bis nur noch ein Zettelchen in der Schale liegt. Dieses öffnest du.
8. Nun schreibe die Geschichte fertig, indem du dich von der Lösung auf dem letzten Zettel inspirieren lässt.
9. Bedanke dich bei der Eule für ihre Hilfe.

Fuchs
(Vulpes vulpes)

TARNUNG

Eigenschaften und Lebensweise des Fuchses

Der Fuchs ist ein sehr anpassungsfähiges Tier. Die verschiedenen Arten überleben sowohl in Polargebieten mit Temperaturen von bis zu minus 30 Grad Celsius als auch in Wüsten bei weit über 40 Grad.

Zwar kommt der Fuchs aus der Familie der Kaniden, wie auch der Wolf und der Hund. Er hat sein Leben aber anders ausgerichtet als diese. Der Fuchs ist ein Einzelgänger und hauptsächlich in der Dämmerung und der Nacht aktiv. Er ist ein schlauer und schneller Jäger. Seinen Speiseplan erweitert er aber auch mit Früchten, Eiern und Aas. Der Fuchs lebt in Bauten, die er in die Erde gräbt und mit verschiedenen Kammern versieht. Dort richtet er sich gut ein und zieht seine Jungen auf. Manchmal teilt er den Bau auch mit dem Dachs.

Füchse sind auf der ganzen Welt verbreitet. In Australien wurden sie einst eingeführt, gelten heute aber als Problem, da sie den heimischen Tieren sehr stark zusetzen. Bei uns stellte Fuchspelz früher eine begehrte Handelsware dar, weshalb die Tiere intensiv bejagt wurden. Heute verbreitet sich der Fuchs wieder rasant und so mancher Geflügelhalter weiß von der traurigen Bilanz für seinen Tierbestand nach einem nächtlichen Fuchsbesuch zu berichten. Selbst ein Hofhund kann das Drama oft nicht verhindern. Der Fuchs beobachtet genau, er weiß um die Abläufe und Gewohnheiten auf einem Hof und wartet unbemerkt auf seine Chance, sich zu den Hühnern, Enten, Kaninchen oder Meerschweinchen Zugang zu verschaffen.

Was dir der Fuchs sagt

Mit dem Fuchs verbindest du dich dann, wenn du unauffällig sein willst oder deine Gefühle und Gedanken geheim halten möchtest. Und es gibt durchaus Momente, in denen es sinnvoll ist, dich im Verborgenen zu halten. Du willst unscheinbar am Rand des Geschehens in Ruhe deine Arbeit machen können, du willst noch getarnt bleiben und doch musst du anwesend sein. Oft kannst du dich nicht einfach herausnehmen und ganz verschwinden.

Der Fuchs ist ein sehr begabter Heimlichtuer. Er ist ein Kulturfolger und lebt fast häufiger in Städten als in abgelegenen Wäldern. In der Nähe der Menschen gibt es immer etwas zu fressen. Seien es stets gefüllte Haustiernäpfe, Abfälle auf den Komposthaufen, Gehege und Ställe voll gefiederter und felliger Kleintiere, welche die Menschen halten, oder Nager, die ebenfalls die Nähe der Menschen suchen.

Der Fuchs rät dir, deine Nische zu suchen und von den großen Angeboten der Zivilisation zu profitieren. Es ist selten nötig, dich völlig sichtbar zu machen, und mit dem Fuchs als Begleiter kannst du in deiner Tarnung bleiben, aus dem Verborgenen beobachten und auf deine Chance warten. Da wir in ständigem Wandel leben, wird mit Sicherheit die Lücke im System entstehen, die sich als deine Chance entpuppt und die genau das verspricht, auf das du schon lange wartest. Dann ist es Zeit, geschickt und schnell zu handeln, den Vorteil zu nutzen und sich das zu sichern, was deinem eigenen Weg dient.

Wie du dich mit der Kraft des Fuchses schützen kannst

Der Fuchs bietet dir Schutz, indem er dir zeigt, wie du dich von der Bildfläche verschwinden lassen kannst, um aus einer guten Position auf den richtigen Moment zu warten.

Eine der wichtigsten Fähigkeiten, die du dazu üben musst, ist das stille Beobachten. Es geht darum, die Abläufe der Aktivitäten, die Gewohnheiten der Menschen, die Muster, nach denen gelebt und gehandelt wird, zu erkennen. Wenn du deine Aktivität auf das abstimmst, was die anderen tun, oder darauf, wann sie aktiv werden, wirst du eher unbemerkt bleiben, weil auch sie beschäftigt sind.

Unbemerkt zu bleiben hat auch viel damit zu tun, die eigene Ausstrahlung zurückzunehmen. Es gibt eine Form von stiller Präsenz, die keinem entgeht. Sie tritt immer dann auf, wenn jemand sehr bewusst anwesend ist und mit seiner Haltung, seiner zur Schau gestellten Autorität und dem sichtbar kontrollierenden Blick die Umgebung dominiert. Stille Beobachtung erfolgt ganz anders. Deine Gefühle und Gedanken sind still, dein Geist ist bewusst leer. Deine Haltung ist entspannt und desinteressiert, scheinbar nimmst du in keiner Weise Anteil.

Das Beobachten aus dieser Haltung heraus geht stark über die Ohren und aus den Augenwinkeln. Der Fuchs spitzt mit dir die Ohren, er findet mit dir den richtigen Augenblick, er ermutigt dich dazu, in aller Stille deine Chance wahrzunehmen und wieder in der Unauffälligkeit zu verschwinden. So ist der Fuchs erfolgreich, und das auch ganz ohne große kämpferische Fähigkeiten, sondern mit Schlauheit, Geduld und Entschlossenheit im richtigen Moment.

Übe das stille Beobachten

Setze dich an einen Ort, an dem sich viele Menschen oder auch Tiere aufhalten. Das kann in einem Freibad sein, in einem Zoo, an einem Bahnhof, im Park, an einem Ausflugsort oder im Supermarkt.

Beobachte zuerst einmal dich selbst. Kannst du deine Gedanken und Gefühle still und neutral machen? Nimm dich ganz zu dir zurück und werde innerlich ganz still.

Lausche der Geräuschkulisse, die dich umgibt.

Kannst du die Menschen um dich einschätzen? Spürst du, wer mit sich so sehr beschäftigt ist, dass er oder sie gar nichts anderes wahrnehmen kann?

Gibt es Tiere, die unter den Menschen sind. Nehmen die Tiere dich wahr?

Gibt es Menschen, die dich wahrnehmen? Gibt es noch andere Menschen, die beobachten?

Wie geht es dir dabei, nur zu beobachten?

Löse dich von Projektionen

Im Zusammenhang mit dem Fuchs und seiner Botschaft der Tarnung ist es auch angebracht, sich über die Projektionen Gedanken zu machen, die Menschen über uns legen. Überall, wo wir mit Menschen zu tun haben, hinterlassen wir einen Eindruck und die Leute bilden sich eine Meinung zu unserer Person. Es ist sinnvoll, diese Bilder regelmäßig zu lösen und die Energien, die damit verbunden sind, zurückzuschicken. Dabei hilft folgende Übung:

1. Stelle dir vor, dass du dich in deiner inneren Welt auf einer großen Wiese befindest. Hinter dir steht dein Engel.

2. Bitte nun die lichten Engel all der Menschen, die dich mit Projektionen belegt haben, auf diese Wiese. Du brauchst sie nicht klar zu sehen und auch nichts von ihnen zu wissen. Diese Wesen sind gütig und neutral, sie werden nur das Beste wollen.
3. Nun bitte den Engel, um dich herum eine goldene Kugel aus Licht zu schaffen.
4. Dann sende alles, was an dir haftet und nicht zu dir gehört, über die Engel und Helfer zu der Person zurück, von der die Projektion stammt, und hole alles zu dir zurück, was du selbst projiziert hast. Die so ausgetauschten Energien werden durch das goldene Licht gereinigt und neutralisiert.
5. Bitte deinen Engel, diesen Austausch zu überwachen und zu Ende zu begleiten.
6. Du kannst nun das Bild verlassen. Es wird so geschehen.

Diese Übung kannst du regelmäßig wiederholen. Wer besonders oft mit anderen Menschen zu tun hat, macht das idealerweise einmal in der Woche.

Gorilla

(Gorillas)

EINSTEHEN FÜR SICH SELBST, TAPFERKEIT

Eigenschaften und Lebensweise des Gorillas

Der Gorilla ist der größte und massigste Vertreter der Menschenaffen. Erwachsene Männchen können bis zu 1,75 Meter groß und wild lebend etwa 200 Kilogramm schwer werden, in menschlicher Obhut auch bis zu 300 Kilogramm. Die Weibchen sind kleiner und deutlich leichter.

Es gibt verschiedene Unterarten, die sich in der Größe, dem sozialen Verhalten und der Ernährung leicht unterscheiden. Hauptsächlich werden die Arten in westliche und östliche Gorillas und Berggorillas unterteilt.

Alle Gorillas ernähren sich vor allem von Blättern. Einige nehmen auch Früchte zu sich. Gezielt Jagd auf Kleintiere machen nur ganz wenige. Zum Beispiel, indem sie Termitenbauten aufbrechen.

Gorillas konnten dabei beobachtet werden, wie sie Werkzeuge benutzen. Auch ihr Ausdruck in Gestik und in Lauten ist sehr differenziert. Gorillas verhalten sich sehr sozial in der Gruppe. Meistens steht einer Gruppe ein einzelnes Silberrückenmännchen vor. Dieses wacht über seine Weibchen und die Jungtiere.

Ähnlich wie bei den Löwen haben diese Führer eine anspruchsvolle Aufgabe. Denn weil alle Jungtiere bei erreichter Geschlechtsreife, bei den Weibchen mit etwa zehn Jahren und bei den Männchen mit etwa fünfzehn Jahren, die Gruppe verlassen, streifen ständig einzelne erstarkte Männchen umher, die auf die Gelegenheit warten, einem unvorsichtigen oder geschwächten Alttier die Familie streitig zu machen.

Die jungen Weibchen suchen Anschluss an bestehende Gruppen und werden von den Weibchen akzeptiert oder vertrieben. Manchmal bilden sie um ein junges Männchen eine neue Gruppe. Kämpfe von starken Männchen um die

Gruppe verlaufen oft tödlich, vor allem wenn der Angreifer sich nicht ergibt oder das Alttier Schwäche zeigt. Übernimmt ein neues Männchen die Gruppe, ist der Vorgänger meistens schwer verletzt und häufig erliegt er den Verletzungen. Er wird aber kaum mehr zurückkehren können. Der neue Patriarch tötet alle Jungtiere, die noch gesäugt werden. Dadurch werden die Weibchen wieder fruchtbar und er kann baldmöglichst seine Gene vererben.

Gorillas sind starke Persönlichkeiten, die dies auch lautstark und unmissverständlich äußern. Mit dem Trommeln auf die Brust zeigen Männchen und auch Weibchen, dass sie für sich einstehen können und damit auch der Gruppe dienen.

Durch die Jahrhunderte der Manipulation und Abhängigkeit vom System wurde uns Menschen das »echte« Erwachsenwerden im Sinne einer wirklichen Emanzipation erschwert. Jetzt aber haben wir eine Chance, den Lebensraum für unser Sein zurückzugewinnen und, wer weiß, vielleicht damit auch den Gorillas wieder mehr Lebensraum zu ermöglichen.

Wie die Tiere mit uns Menschen auf der Erde leben können, hängt stark mit dem Bewusstsein der Menschen zusammen. Wenn wir mit Achtsamkeit und Liebe mit der Tierwelt verbunden sind und die Tiere einen anderen Wert für uns bekommen, als nur eine Art Dekoration der Natur zu sein, wird das Zusammenleben vereinfacht. Liebe ist der Schlüssel und bewegt so viel.

Was dir der Gorilla sagt

Der Gorilla fordert dich auf, für dich einzustehen. Er zeigt dir, wie du dich hinstellen, dir auf die Brust trommeln kannst und der Gruppe der Menschen, in der du lebst, damit signalisierst, dass du mutig und tapfer deinen Weg gehst, Verantwortung übernimmst und auf eigenen Beinen stehen willst. Mehr noch, dass du auch eine Stütze der Gruppe bist und man sich auf dich verlassen kann.

Der Gorilla ist kein Blender, er macht keine leeren Versprechen und auch keine inhaltslosen Drohungen. Als Oberhaupt der Familie steht er für seine Sippe ein, ist liebevoll und zärtlich zu den Seinen, und achtsam bewacht er die Schwachen in seiner Gruppe.

Der Gorilla erlebt eine verhältnismäßig lange Kindheit, in der er lernen darf und liebevoll gefördert und gestärkt wird. Daraus geht er lebenstauglich hervor, er muss die Sippe verlassen und wird sich selbst überlassen. Die Jungtiere, die die Gruppe verlassen, müssen sich behaupten. Sie müssen weiterlernen, tapfer Niederlagen ertragen und sich stärken. Nur so haben sie die Möglichkeit, sich das Leben eines Erwachsenen zu erarbeiten.

Auch daran erinnert uns der Gorilla. Er fordert uns auf, auf der ganzen Linie unseres Seins erwachsen zu werden. Uns die Realisierung unserer Wünsche zu erarbeiten und aus Niederlagen zu lernen, anstatt zu jammern. Sei es im Beruf, in der Familie, im sozialen Umfeld oder als Teil einer Stadt, Gemeinde, einem Land oder der Welt. Jeder Mensch sollte sich erheben und das beitragen, was ihm möglich ist, zum Wohle aller.

Niemand, der erwachsen ist, kann mehr den Anspruch geltend machen, dass ihn die anderen tragen, lieben, ihn als Trittbrettfahrer akzeptieren oder seinen Bedürfnissen entgegenkommen müssen. Erwachsensein heißt, für sich einzustehen und seine Rolle im großen Ganzen bewusst, mutig, tapfer und aufrichtig anzunehmen.

Wie du dich mit der Kraft des Gorillas schützen kannst

Es gibt zwei ganz unterschiedliche Situationen, in denen du von der Kraft des Gorillas profitieren kannst.

Zum einen hilft die Gorillakraft dann, wenn du etwas neu erlernen musst, mit einer neuen Situation klarkommen willst oder eine in dir vorhandene Fähigkeit entwickeln möchtest. In dieser Zeit brauchst du den Schutz des Kindes, du brauchst die liebende, verständnisvolle Begleitung, bis du durch deine Bemühung, etwas zu lernen, so weit erstarkt bist, dass du das Erlernte erwachsen nutzen kannst.

Stelle dir deine Gorillasippe zur Seite, wenn du in einer solchen Phase bist. Sie gibt dir Geborgenheit und Zeit, damit du dich um dein Lernen kümmern kannst. Sie schützt dich und stärkt dein Selbstwertgefühl. Sei dir aber unbedingt bewusst, dass du nur eine gewisse Zeit zur Verfügung hast und dich selbst um dein Lernen kümmern musst. Egal ob du etwas Neues im Beruf lernst oder deinen Umgang mit einer geliebten Person neu lernen willst – du musst selbst lernen. Der Gorilla schützt dich in dieser Zeit und er hilft dir auch, bei dir und deiner Absicht zu bleiben.

Die andere Situation, in der dir der Gorilla beisteht, ist die, in der es darum geht, dir Gehör zu verschaffen, zu deinem Recht zu kommen, dir einen Platz zu erkämpfen, an dem du deine Qualität als Führungsperson leben kannst, in der du dich als Ehrenmann oder weise Frau positionieren kannst, du deine Frau oder deinen Mann stehen kannst, zum Beispiel in einer Selbstständigkeit, oder wenn du über deinen Schatten springen und für dich und deine Wahrheit einstehen musst. Mit der Gorillakraft kannst du tapfer und beherzt ins Rampenlicht treten und sie für das Sein einsetzen, das du dir erarbeitet hast.

Fragen, die dich mit der Gorillakraft verbinden

Was erwartest du von einem gütigen, wirklich starken Vater?
Was erwartest du von einer herzlichen, liebevollen Mutter?
Was hättest und hast du als Kind wirklich gebraucht? Und was vielleicht nicht bekommen?
Welche Bedürfnisse hattest du und wie sind deine Eltern darauf eingegangen?
Welche Talente hättest oder hast du gehabt und wie wurden diese gefördert?
Durftest du lernen und erfahren oder musstest du die Vorstellungen anderer bedienen?
Was hätte dir gutgetan, um besser und mehr lernen zu können? Was hättest du aus deiner heutigen Sicht lernen sollen? Beruflich, im Umgang mit dir selbst und im Umgang mit den Menschen um dich herum?
Wie hat sich die Beziehung deiner Eltern auf dich als Kind ausgewirkt und was wäre ideal gewesen für dich?

Schreibe deine Erkenntnisse auf und notiere auch, was dein Vater dazu hätte beitragen können und was deine Mutter. Wenn du weißt, wie es hätte sein müssen, übernimm du jetzt die Verantwortung für dich und beginne, dich in dem zu fördern, was du möchtest. Gehe so mit dir um, wie du es richtig findest und gefunden hättest, und lerne so lange, bis du für dich einstehen kannst.

Gürteltier
(Dasypoda)

PRIVATSPHÄRE

Eigenschaften und Lebensweise des Gürteltiers

Die verschiedenen Gürteltierarten leben ausschließlich in Süd- und Mittelamerika. Der Panzer dieses einzigartigen Säugetiers bildet sich aus der Lederhaut, die verknöchert. Anders als bei der Schildkröte ist der Panzer des Gürteltiers aus einzelnen Hornschuppen gewachsen und somit beweglich. Diese Panzerung bedeckt den Kopf, den Rücken, die Beine und auch den Schwanz. Einzig der Bauch ist unbedeckt. Wenn Gefahr droht, rollt sich das Gürteltier zu einer gepanzerten Kugel zusammen und ist auf diese Weise am ganzen Körper geschützt. Hunde haben Mühe, diesen Schutzpanzer zu knacken.

Gürteltiere sind Allesfresser. Sie ziehen jedoch Proteinnahrung der pflanzlichen Kost vor. Sie graben sich Höhlen mit mehreren Kammern, wo sie sich am Tag aufhalten. In der Nacht suchen sie nach Insekten, Würmern, Mäusenestern und anderen Köstlichkeiten.

Hitze und Kälte mögen diese urigen Tiere nicht. Auch große Trockenheit ist nicht das richtige Klima für sie. Obwohl das Gürteltier sehr gut schwimmen und sogar auf dem Grund von Gewässern laufen kann, meidet es sumpfige Lebensräume.

Es ist also kein Freund der Extreme. Gerne hat es seine Ruhe, lebt am liebsten alleine und schläft sehr viel in seinem heimeligen Bau. Der Stoffwechsel des Gürteltiers funktioniert sehr langsam, was sicher ein Grund dafür ist, dass das Tier recht gemütlich und ruhig wirkt.

Was dir das Gürteltier sagt

Das Gürteltier rät dir, dir Gedanken über deine Privatsphäre zu machen. Wir alle brauchen eine Privatsphäre. Einen Ort, der ganz allein uns gehört, wo wir uns zurückziehen und alle unsere sozialen Masken fallen lassen können. Einen Ort, wo wir Ruhe finden, uns inspirieren lassen und uns Luft machen können.

Das Gürteltier fordert dich auf, dich um diesen Raum zu kümmern. Richte dir einen Bereich in deinem Leben ein, wo du es richtig gemütlich hast. Deine Privatsphäre ist nicht nur etwas, was deine Gefühle und Gedanken angeht, es sind auch deine Wohnräume und deine darin enthaltenen Dinge gemeint. Gib den Dingen, die du besitzt, eine persönliche Bedeutung. Achte und ehre deine materiellen Dinge und pflege sie angemessen.

Das Gürteltier ist ein sehr erdiges Geschöpf und einfach in seiner Art. Es braucht nicht viel. Aber es baut für sich allein eine geräumige Höhle mit mehreren Kammern. Dieses eigene Daheim ist sein Rückzugsort. Bei uns Menschen ist aber auch unsere innere Welt ein Teil der Privatsphäre. Auch diese muss geschützt und verteidigt werden. Es darf niemand ungefragt in deine persönlichen Gefühle und Gedanken vordringen. Du teilst dich mit, weil du es willst, und du entscheidest auch, wem du etwas sagen und anvertrauen möchtest. Das Gürteltier rollt sich ein und verschließt sich, wenn es bedrängt wird. Auch das kannst du von ihm lernen.

Wie du dich mit der Kraft des Gürteltiers schützen kannst

Was von deinem Besitz ist dir so nahe, dass es zu deinem Herzen gehört? Was ist dir so wichtig, dass du es um dich haben möchtest? Prüfe dein Hab und Gut und trenne dich von Dingen, zu denen du keinen Bezug hast. Was du brauchst, was dich freut und was dich berührt, behalte. Diese

Sachen gehören zu deiner Privatsphäre und verdienen deinen persönlichen Schutz. Ein Netz von guten Dingen schützt aber auch deinen Lebensraum vor schlechter Energie.

Verbinde dich mit dem Gürteltier auch, um die Privatsphäre deines Herzens, deines freien Geistes zu schützen. Grenze dich von sämtlichen Einmischungen von außen in dein Bewusstsein ab. Prüfe deine Gedanken und deine Gefühle. Erkenne, was du von außen übernimmst und was tatsächlich aus deiner Mitte und deinem Herzen stammt. Kugle dich energetisch schützend um deine Wahrheit herum und bestehe im Außen auf freie Meinung und freie Empfindung. Du hast darauf nicht nur ein Recht, du hast dir selbst gegenüber auch die Pflicht dazu.

Wer sich selbst gut kennt und weiß, was er braucht, was guttut und ins eigene Leben gehört, verstärkt seinen eigenen Schutzkreis deutlich. Eine Privatsphäre, die vor Energieraub schützt und auch für die materielle Sicherheit sorgt, muss bewusst aufgebaut und immer wieder geprüft werden. Gehe nicht einfach davon aus, dass Menschen, die dir nahe sind, auch achtsam mit deiner materiellen oder seelisch-geistigen Privatsphäre umgehen. Boshaft ist das selten, aber respekt- und achtlos.

In manchen, sehr schwierigen Situationen kann dir das Gürteltier auch helfen, deine Wahrheit zu schützen. Egal, wie du zu einer Person stehst. In einem Streit darfst du deine Wahrheit zurückhalten. Wenn dich jemand wütend nach der Wahrheit fragt, dich bedrängt und wiederholt dazu auffordert, die Wahrheit zu sagen, bitte das Gürteltier, sich um diese Wahrheit zu kugeln und sie zu schützen. Werde dann ganz ruhig und bewusst und beende den Streit mit klaren Worten oder Handlungen.

Schutz und Reinigung durch Räuchern

Kaufe dir weißen Salbei oder ein anderes schützendes Räucherwerk und räuchere deine Wohnung aus. Bitte um Schutz und Erlösung. Erfülle dein Daheim mit Liebe und bedanke dich bei allem, was dir eine gute Energie schenkt. Dabei kannst du auch einige Dinge, die zu viel oder nicht stimmig sind, in deinem Zuhause aussortieren und entsorgen.

Den Geist ausmisten

Für deine seelisch-geistige Ordnung nimm ein Stück Stoff etwa in der Größe eines Stofftaschentuchs. Auf diesen Stoff schreibst du alle Eigenschaften, die du gerne ausmisten möchtest. Begriffe wie Eifersucht, Neid, Launenhaftigkeit und ähnliche Gefühle. Oder auch etwas wie: meine Opferhaltung, die Angst, mich zu blamieren, das schlechte Selbstwertgefühl – alles, was du gerne loslassen möchtest. Nun stecke das Stoffstück in die Waschmaschine. Einfach zu der anderen Wäsche dazugeben. Wasche die schlechten Eigenschaften aus. Wenn du mit Bleistift geschrieben hast, sind sie nach einer Wäsche weg. Dann bemale und beschreibe den Stoff mit guten Begriffen und schönen Eigenschaften, die du anstelle der weggewaschenen nun fördern willst. Hänge den Stoff in den Wind, der deinen Willen in dein Leben trägt.

Hase, Feldhase
(Lepus europaeus)

ANGST, FURCHT

Eigenschaften und Lebensweise des Hasen

Unser Feldhase ist zusammen mit dem Schneehasen der größte Vertreter der echten Hasen in Europa. Hasen unterscheiden sich von den entfernt verwandten Kaninchen deutlich. Sie sind um einiges größer als die Wildkaninchen, haben längere Ohren, einen drahtigeren Körperbau, sie sind Einzelgänger und gebären ihre Jungen als Nestflüchter in Mulden, sogenannten Sassen, auf dem Feld. Die Kaninchen werden hingegen nackt, blind und hilflos in Erdbauten geboren.

Hasen zählen in Europa zu den Hauptwildarten. Ihre Schnelligkeit, ihre Wendigkeit und ihr Fluchtverhalten haben auch in unserem Sprachgebrauch einen Platz gefunden. Der *Angsthase* und der *Hasenfuß* beziehen sich darauf, dass der Hase schnell die Flucht ergreift. Und das hochsensible Tier hat allen Grund für dieses Verhalten. Ist es doch nicht nur beim Menschen, sondern auch bei diversen Beutegreifern am Boden und in der Luft eine begehrte Beute. Ist der Hase durch etwas verunsichert, drückt er sich fast unsichtbar in eine Mulde oder er ergreift Haken schlagend die Flucht.

Zeitig im Frühjahr beginnt die Paarungszeit bei den Hasen. Dabei kann man kämpfende Hasen beobachten, die in einer Art Boxkampf gegeneinander vorgehen. Nicht selten mischt sich die Häsin selbst in den Kampf ein und teilt ebenfalls ihre Hiebe aus. Hasen bekommen mehrere Male im Jahr Junge. Viele der jungen Hasen fallen Fressfeinden, Landmaschinen und dem Straßenverkehr zum Opfer. Deshalb nimmt die Population der Feldhasen trotz mehrerer Würfe im Jahr stark ab.

Was dir der Hase sagt

Der Hase lehrt dich, mit deiner Angst umzugehen. Angst ist ein Gefühl, das jedes Lebewesen kennt und das an einige uralte Reflexe gebunden ist. Es ist wichtig, dass wir das Gefühl der Angst erst einmal respektieren. Angst sitzt im Nacken, sagt der Volksmund und meint damit, dass sie einen Fluchtreflex auslöst. Doch auch das flaue Gefühl der Furcht, das uns auf den Magen schlägt, ist vielen gut bekannt. Ängste beengen uns und lassen uns oberflächlich atmen. Unsere Gefühle und Gedanken schlagen Haken und suchen verzweifelt nach einer Ausflucht, wenn die Angst uns ergreift.

Der Hase ist das Tier, das uns lehren kann, mit unseren Ängsten umzugehen. Er zeigt uns auf, dass wir unsere Sinne öffnen sollen, dass wir unsere Wahrnehmung trainieren müssen, um der Unsicherheit damit entgegenzuwirken. Wir können nicht bei jedem diffusen Gefühl, jedem erschreckenden Gedanken unsere ganze Lebensenergie mit einer sinnlosen Flucht vergeuden. Wir müssen unterscheiden lernen, was uns die Angst vorgaukelt und was eine echte Gefahr und Bedrohung ist.

Wenn du die Straße überqueren willst, dann bleibst du am Straßenrand stehen, schaust nach links und nach rechts, bevor du über die Straße gehst. Der Straßenverkehr ist für uns bedrohlich und kostet jedes Jahr viele Menschen das Leben. Doch du hast gelernt, die Gefahr einzuschätzen und deine Sinne zu gebrauchen. So ist es mit allem in unserem Leben. Du musst deine Ängste anschauen und lernen, sie zu relativieren, sodass du die wirkliche Gefahr erkennst und bewusst und sicher handeln kannst.

Sehr oft sind Ängste an Erfahrungen gebunden. Wenn du so eine Geschichte aus deinem Leben kennst, macht es vielleicht Sinn, diese mithilfe eines Therapeuten aufzulösen. Angstzustände sollten ernst genommen und behandelt werden, da sie schleichend zu verschiedenen Blockaden und damit zur Beeinträchtigung des Lebens führen.

Wie du dich mit der Kraft des Hasen schützen kannst

Der Hase gibt dir den Schutz, den du bei wirklichen Gefahren brauchst. Er ist sehr sensibel und zeigt dir, wann es wirklich nötig ist, dich zu verbergen oder zu fliehen. Nimm seine Kraft in deinen Solarplexus auf und stelle dir vor, wie deine zum Aufruhr bereiten Nerven sich beruhigen, deine Atmung tiefer wird und der Stress von dir abfällt. Der Hase wird dich bewachen und er wird dir zeigen, ob es einen Grund zur Angst gibt.

Es ist wichtig, dass du deine Ängste nicht einfach gewähren lässt. Ein ängstliches Verhalten kann zu einer Sucht werden und dich enorm viel Kraft und Lebensqualität kosten.

Es gibt im Leben Gefahren, denen man kaum ausweichen kann. Doch das ist sehr selten und oft schicksalhaft. Man kann sich auch durch mangelnde Vorsicht, Achtlosigkeit, falsche Gutgläubigkeit in bedrohliche Situationen manövrieren. Da hilft der Hase und ermahnt uns, auf unsere feinen Sinne zu achten und nicht einfachen Emotionen zu folgen.

Bei Angst vor Unbekanntem rät der Hase uns, unsere sinnvolle Furcht in Ehrfurcht zu verwandeln. Respekt vor einer Situation schärft die Sinne und wird dich besser leiten als die Angst.

Ein Notfallset gegen Angst

Angst kommt meistens völlig unerwartet und kann sich überwältigend anfühlen. Ein selbst zusammengestelltes Notfallset gegen die Angst kann in solchen Fällen eine große Hilfe sein. Sowohl in der Pflanzenheilkunde als auch bei den Blütenessenzen und in der Homöopathie gibt es einige Mittel, die gegen Angst helfen können. Einiges kannst du sogar selbst herstellen. Auch Heilsteine oder Runen passen in dein Notfallset.

In der Pflanzenheilkunde bieten sich viele Pflanzen an, von denen du, als Tee oder Tinktur, gemischt oder einzeln, einen Vorrat anlegen könntest:

- **Baldrian** stabilisiert und beruhigt das Nervensystem. Damit hilft er gegen Schlafstörungen, aber auch bei Antriebslosigkeit.
- **Lavendel** baut Stress ab, hilft Angstzustände zu lösen, gleicht Unruhe aus und hilft bei Schlafstörungen.
- **Melisse** hilft gegen Nervosität, ist ein Stimmungsaufheller, wirkt beruhigend, angstlösend und konzentrationssteigernd.
- **Passionsblume** ist eine Pflanze gegen Reizbarkeit, Nervosität, ängstliche Unruhe und Einschlafstörung.
- **Kamille** wirkt entkrampfend und beruhigend auf das Nervensystem und bei Schlaflosigkeit.
- **Weißdorn** beruhigt Herz und Nerven und wirkt gegen Unruhe, die auf das Herz schlägt.
- **Hopfen** mindert Angstzustände, Depressionen und senkt Stress.

Bei den Blütenessenzen helfen:

- **Rock Rose**

- **Mimulus**
- **Red Chestnut**
- **Aspen**
- **Cherry Plum**

Von den Homöopathika könnten diese und einige andere Mittel Teil deines Notfallsets gegen die Angst werden:

- **Ignatia**
- **Gelsemium**
- **Arsenicum album**
- **Aconitum**

Heilsteine, die gegen Angst und Unruhezustände helfen, kannst du auch um den Hals tragen oder als Handschmeichler in der Hosentasche.

- **Bernstein** wirkt beruhigend.
- **Amethyst** zentriert.
- **Rosenquarz** harmonisiert.

Und auch eine Schutzrune oder eine Rune zur Stärkung kann dich im Angst-Notfall unterstützen. Du kannst die Rune zum Beispiel auf einen runden flachen Stein malen.

Bastle dir ein kleines Heft oder kaufe ein leeres Büchlein und informiere dich ausführlich über natürliche Heilmittel bei Angstzuständen. Schreibe dir die Heilmittel in das Büchlein, die auf dich zugeschnitten sein könnten. Auch die Steine und Runen beschreibst du genau sowie deine Erfahrungen damit. Stelle dir so deine individuelle Angst-Notfallapotheke zusammen. Vielleicht kannst du die Pflanzen selbst sammeln und trocknen, oder du lässt dir beispielsweise einen Tee mit den von dir gewählten Pflanzen mischen.

Hirsch, Rothirsch

(Cervus elaphus)

WÜRDE, HOCHACHTUNG, SEXUALKRAFT

Eigenschaften und Lebensweise des Hirschs

Zu den Hirschen zählt man viele Unterarten. Der Rothirsch gehört zu den echten Hirschen. Er ist in Mitteleuropa verbreitet und lebt heute mehrheitlich in den Wäldern. Das männliche Tier trägt ein verzweigtes Geweih, das zwischen Februar und April abgeworfen wird. Doch schon kurz nach dem Abwurf bildet sich das neue Geweih, welches in hundertvierzig Tagen wieder voll entwickelt ist.

Das nachwachsende Geweih ist von einer felligen Haut überzogen, welche stark durchblutet ist und so die Nährstoffe für das Geweih liefert. Diese Haut nennt man Bast. Ist das Wachstum beendet, wird diese Haut »abgefegt«, indem der Hirsch sein Geweih an Bäumen und Sträuchern reibt.

Die weiblichen Tiere tragen kein Geweih und werden daher in der Jägersprache Kahlwild genannt. Das erste Geweih eines jungen Hirschs besteht meist nur aus einer geraden zugespitzten Stange. Diese Jungs nennt man Spießer. Sie leben oft noch im Rudel der Mutter.

Hirsche verfügen über sehr starke Sinne. Vor allem der Gehör- und der Geruchssinn sind ausgeprägt. Die Kommunikation unter den Hirschen wird zum Teil auch über Duftmarkierungen geführt. Dazu haben die Hirsche verschiedene Duftdrüsen am Körper, deren Sekret teilweise ganz bewusst platziert wird. Einmalig sind die Voraugendrüsen, deren Sekret an Bäumen und Sträuchern abgestreift wird, um soziale Informationen zu hinterlassen. Auch am Geweih befinden sich während der Bastzeit Duftdrüsen, ebenfalls an den Sprunggelenken und am Wedel. Obwohl die männlichen Hirsche in kleinen Gruppen getrennt von dem größeren Rudel der weiblichen Tiere und der Jungtiere leben, sind über diese Duftmarkierungen beide Gruppen immer informiert, wo sich die anderen aufhalten und in welcher Verfassung sie sind.

Es wird von den Hormonen gesteuert, wann der Hirsch sich zum Kahlwildrudel gesellt. Bei den alten und starken Hirschen kommt dieser Impuls früher im Jahr als bei den jüngeren oder geschwächten Tieren. So hat das Alttier seinen Platz bereits sicher, bis die Beihirsche auf den Brunftplätzen erscheinen.

Der Platzhirsch muss sich nun sowohl gegen die jüngeren Rivalen behaupten, wie auch die Damen bei Laune halten. Vor allem die anführende Hirschkuh muss er sich gegenüber gewogen stimmen, denn das Rudel ordnet sich ihm nicht einfach unter. Es könnte auch einfach abziehen und den Platzhirsch stehen lassen.

Ein Platzhirsch kann nur mit seinen männlichen – äußeren und inneren – Eigenschaften überzeugen und dabei genügt es nicht, wenn er einfach ein mächtiger Streiter gegen seine Rivalen ist. Der Kampf wird von den Hirschkühen akzeptiert. Noch mehr wirken aber die Ausstrahlung von Autoritä

Was dir der Hirsch sagt

Der Hirsch ist ein mächtiges und hochgeschätztes Krafttier. Er symbolisiert die Würde, den Stolz, das edle Mannhafte, die Sexualkraft. Der Hirsch ist der Lichtträger, was bedeutet, dass das Männliche in seiner vollendeten Kraft das göttliche Licht als Kanal der Schöpfungsenergie in die Materie, die Liebe, leitet.

Die weit ausgebreitete Krone des Hirschgeweihs nimmt symbolisch das Licht der Sonne, des Göttlichen, auf und lenkt es durch seinen Körper in die Weiblichkeit. Sexualität in der höchsten Kraft ist genau so zu verstehen, dass der Mann der Kanal des Lichts ist und dieses der Frau, die den

Kelch der göttlichen Liebe unter ihrem Herzen trägt, übergibt. Schöpfung entsteht durch die Vereinigung der Pole Liebe und Licht. Alles im Leben des Hirschs und der Hindin (Hirschkuh) ist auf den Zyklus dieses Schöpfungsaktes ausgelegt.

Für unser menschliches Leben ist dieser Zyklus ebenso ein wichtiger Aspekt. Doch wir können diese Kraft nicht nur für die Fortpflanzung, sondern für alle schöpferischen Akte in unserem Leben zurate ziehen. Jede Verbindung, jede Vereinigung kann nur dann haltbar und entwicklungsfähig sein, wenn sich das Weibliche dem Männlichen hingibt und dieses empfängt. Weiblichkeit ist eng verbunden mit der Materie, die sich vom lateinischen Begriff *mater* (Mutter) ableitet. Um eine Idee, die dem Licht entspricht, in die Form, die Materie zu bringen, braucht es eine Verbindung zwischen dem Männlichen, dem Licht, und dem Weiblichen, der Liebe.

Wie du dich mit der Kraft des Hirschs schützen kannst

Der Hirsch hilft dir, deine männlichen Seiten so zu stärken, dass du Würde und Stolz ausstrahlst. Eine natürliche, auf Rechtschaffenheit und Edelmut basierende Mannhaftigkeit wird hochgeachtet und ist ein wirksamerer Schutz als jede Form von Kampf.

Nicht nur Männer sollten sich bemühen, ihre Männlichkeit mit diesen starken Attributen zu untermauern, auch die Frauen müssen lernen, ihre männlichen, aktiven Seiten, mit denen sie nach außen auftreten, Führung übernehmen, sich behaupten und ihren Mann stehen, auf ein edles Niveau zu heben.

Männlichkeit wird von jedem von uns oft im Alltag erwartet. Stärke, Kraft, Durchsetzungswille, Entscheidungsfähigkeit und Autorität sind Eigenschaften, die für Männer genau wie für Frauen zum täglichen Leben gehören. Mit diesen Eigenschaften befruchten wir unser Leben immer wieder. Aus diesen Eigenschaften werden unsere nächsten Schritte geboren und sie bestimmen hauptsächlich, wie unser Leben verläuft. Diese Eigenschaften dürfen nicht an Gewalt, an Druck und Macht gebunden sein. Denn es soll ja die Liebe in uns sein, die das, was wir als männliches Potenzial leben, auch mit Freude empfangen kann, sich diesem Weg hingeben will und ihn mit Schönheit und Leichtigkeit schmücken wird. Wer die männliche Kraft in kriegerischer Absicht, übergriffig und zerstörerisch nutzt, bringt im Endeffekt sich selbst und sein Leben in große Gefahr.

Der Hirsch ist ein stolzes Tier und er zeigt sein Wesen offen. Mit seinem Geweih, mit seinem Duft zeigt er seine Kraft und seine Bereitschaft, in Aktion zu treten, und laut röhrend tut er kund, wenn er sich der Prüfung der Weiblichkeit, den Rivalen und auch der Gefahr, zurückgewiesen zu werden, zu stellen gedenkt.

Ja, unsere männlichen Seiten müssen sich einem ständigen Wettbewerb stellen und können nicht erwarten, ohne Aufwand zu den Siegern zu zählen. Wenn du müde bist, ständig kämpfen und dich behaupten zu müssen, ständig werben zu müssen ohne große Aussicht auf Erfolg, dann rät dir der Hirsch, dein Geweih abzuwerfen, dich aus der vordersten Front zurückzuziehen und dich dem Sein zu widmen. Pflege deine Weiblichkeit und verbinde dich mit der Liebe in dir, lass das, was dich wieder zur Stärke bringt, wachsen, indem du dir Liebes und Gutes tust. Nur in der männlichen Kraft zu sein verbrennt uns. Du brauchst beide Pole, um in Harmonie zu sein.

Sei stolz auf dich

1. Nimm ein Foto von dir zur Hand, das dir gut gefällt und das du auch zeigen kannst, weil du dahinterstehst. Wenn du kein solches Foto hast, bitte jemanden darum, eines von dir zu machen, oder mach selbst eines.
2. Klebe das Bild in das Arbeitsheft, das du vielleicht schon für die Arbeit mit diesem Buch angelegt hast.
3. Schreibe nun zu dem Foto, warum du dir gefällst. Schreibe auf, worauf du in deinem Leben stolz bist und was du noch tun könntest, um mehr Würde und Kraft auszustrahlen. Vermeide negative Sätze, Kritik oder Urteile über dich. Erwähne nur das, was du magst.
4. Vielleicht hast du auf der Suche nach dem, was dich stolz macht, auch Bereiche entdeckt, die du schwierig findest. Bereiche, die dich unzufrieden oder traurig machen, dich ohnmächtig fühlen lassen. Das, was du nicht gerne zeigen möchtest, das, was du peinlich findest oder dir leidtut, schreibe nun auf ein separates Blatt.
5. Wähle ein Thema auf dem separaten Blatt aus, um damit tief in dich und in dein Herz hineinzugehen. Stelle dir vor, dass dort ein Tempel steht und eine alte weise Heilerin an einem Feuer sitzt. Sie erwartet dich und lädt dich ein, ihr von deinem Kummer zu erzählen. Sie hört dir zu und es strömt reine, tiefe Liebe von ihr zu dir. Führe in dir das Zwiegespräch mit der Heilerin und lass zu, dass ihre Liebe deinen Schmerz mildert.
6. Schreibe auf, was dir gutgetan hat und wie du in Zukunft mit dem schwierigen Thema in dir umgehen willst.

Deine schwierigen Themen kannst du so nach und nach bearbeiten und vielleicht wird auch deine Liste dessen, worauf du stolz bist, immer länger.

Hund, Haushund
(Canis lupus familiaris)

LOYALITÄT, TREUE

Eigenschaften und Lebensweise des Hundes

Der Hund ist die einzige Tierart, die in enger Verbindung mit dem Menschen entstanden ist. Schon die urzeitlichen Menschen haben mit gezähmten Wölfen und wahrscheinlich auch anderen Kaniden gelebt und von ihrer Kraft und ihrem Jagdgeschick profitiert. Doch der Hund wurde nicht nur als Jagdkamerad gehalten, sondern vor allem als Wächter. Die Hunde haben das Lager der Menschen bewacht, haben für ihre Menschen gekämpft und sie immer wieder sicher nach Hause geführt. In alten Mythologien galt der Hund auch als Wächter des Übergangs zur Anderswelt und viele Götter und Helden wurden mit ihren treuen Hunden dargestellt.

Ohne Hunde hätte die Menschheit wohl kaum überlebt. Seit ihrer Entstehung waren sie dem Leben des Menschen eine große Stütze und sind es bis heute. Schier unzählige Hunderassen sind weltweit entstanden und sie alle haben ihren Ursprung im Bedürfnis des Menschen nach einem treuen Freund und dessen Unterstützung. Die kleinen süßen Schmusehündchen, die gewieften, agilen Jagdhunde, die großen eindrucksvollen Schutz- und Hütehunde wurden im Lauf der Zeit durch gezielte Zucht körperlich an ihre Aufgaben im Dienst des Menschen angepasst. Dass sie ursprünglich vom Wolf abstammen, ist bei den meisten Rassen und Mischlingen kaum mehr zu erkennen. Das Erbe des Wolfs wurde so sehr in den Dienst der Menschen gestellt, dass es sich grundlegend gewandelt hat.

Die Treue der Hunde dem Geschlecht der Menschen gegenüber ist eine Geschichte der Liebe.*

---

* Auf Seite 71 des folgenden Buches findest du eine schöne Geschichte, wie der Hund zum Menschen kam: Meyer, Regula: *Tierisch gut. Tiere als Spiegel der Seele. Die Symbolsprache der Tiere*, Arun Verlag, Uhlstädt-Kirchhasel 2021.

Was dir der Hund sagt

Der Hund zeigt uns, wie wir in erster Linie unser Leben, uns selbst und unser Umfeld bedingungslos annehmen sollen. Das, was jetzt ist, ist die einzige Ausgangslage in eine gute Zeit, die wir haben. Erst wenn wir uns dessen bewusst werden, ist es möglich, über Veränderung nachzudenken.

Loyalität unserem eigenen Sein gegenüber ist eine wichtige Voraussetzung, um auch den Menschen in unserem Umfeld gegenüber loyal sein zu können. »Treu«, »verantwortungsbewusst«, »zuverlässig« und »ehrlich« sind genau die Begriffe, die wir von echten Freundinnen und Freunden erwarten. Doch es sind auch die Eigenschaften, die ich selbst meiner Familie gegenüber und in meinen Freundschaften leben sollte.

Freundschaft ist eine Herzensangelegenheit und ist immer mit einem gemeinsamen Weg verbunden. Dieser Weg wird nur dann ein guter Weg sein, wenn wir uns selbst lieben und das auch aus tiefem Herzen zeigen. Die Liebe ist die Energie, die verbindet und uns einander verständlich macht. Auch das lernen wir vom Hund.

Wer einen Hund als Gefährten hat, der weiß, dass Hunde zwar bedingungslos freudig sind, wenn sie uns begrüßen, doch sie haben durchaus auch ihre Ansprüche an uns. Der Hund fordert unsere Aufmerksamkeit, er mobilisiert uns und will mit uns unterwegs sein. Wer keine eigenen Ideen hat, was er mit seinem Leben anfangen kann, dem bietet der Hund seine eigenen Bedürfnisse an. Spiel mit mir, lauf mit mir, gib mir eine Aufgabe. Der Hund weiß um das, was er möchte und was er braucht, und er kann es sehr gut in die Beziehung zu seinem Menschen einbringen.

Und so, wie der Hund in unserem Leben funktioniert, so ähnlich funktioniert auch unser Ego. Es braucht die Beziehung zu unserem wahren Sein, zu dem erhabenen und entwickelten Wesen in uns. Es ist eng mit dem Sein verbunden und wenn wir unser Leben nur aus der Egoperspektive leben, wird das Ego sehr viele Bedürfnisse entwickeln und uns damit voll beschäftigen. Wenn ich allerdings mein Leben aus der Sicht des inneren Seins lebe, Gelassenheit ausstrahle, meine Kraft kenne und hinter dem stehe, was ist, wird mein Ego sich mir unterordnen, vertrauensvoll und zufrieden seine Aufgaben auf dem Weg erfüllen. Wie auch der Hund, dessen Mensch in sich klar und sicher ist, Liebe, Gelassenheit und Autorität ausstrahlt, sich geführt fühlt, sich mit Freuden diesem Menschen anschließt und sich an die in dieser Beziehung entstandenen Regeln hält.

Wie du dich mit der Kraft des Hundes schützen kannst

In Zeiten, in denen sich um uns viel ändert und unsere innere Sicherheit schwankt, ist es sehr wichtig, einen treuen Freund zu haben. Jemanden, der ganz nahe ist, uns bedingungslos akzeptiert und zu uns steht. Mit einem Hund hat man so einen Freund.

In einer herzlichen Familie ist Freundschaft eine Grundlage der Beziehung. Und viele von uns haben gute, treue Freunde, denen sie trauen können. Doch die wichtigste Person, die treu und freundlich zu dir steht, solltest immer du selbst sein. Nimmst du dich selbst so an, wie du bist, bist du dir selbst treu und prüfst mit wachen Sinnen das, was von außen an dich herangetragen wird, und erlaubst du dir auch, kritisch und wachsam zu sein, fühlst du dich automatisch viel sicherer.

Wenn du in schwierigen Situationen bist, du dich vor etwas oder jemandem fürchtest, wenn du Schutz brauchst, um zur Ruhe zu kommen, verbinde dich mit dem Hund. Stelle dir vor, wie er in deiner Mitte wacht, wie er dich von dort immer wieder abholt, wenn du dich im Außen verirrst, und dich sicher in deine Kraft zurückbringt.

Der Hund ist kein Krieger – da gibt es stärkere Tierkräfte wie die des Löwen, des Bären, des Hirschs –, aber er ist ein Herzensfreund. Er wird dich bestärken, im Inneren zu deiner Größe zu stehen, und wird dir Mut machen, eine klare Haltung zu dem zu erlangen, was du im Außen vertreten willst. Es ist Liebe, die den Hund mit dem Menschen verbindet, und es sollte auch Liebe sein, die dich mit dir verbindet.

Beziehungsdynamiken erkunden

Mache einen langen Spaziergang mit einem Freund oder einer Freundin – in der Natur, durch die Stadt, in einem Park, wo auch immer ihr möchtet.

Erzähle von dir, versuche dabei aber, auf keinen Fall zu jammern. Erzähle die guten und interessanten Geschichten aus deinem Leben.

Höre auch zu und nimm Anteil.

Beobachte, wie ihr euch begegnet. Begrüßt ihr euch herzlich oder abwartend? Kommt jemand von euch zu spät, wird die Abmachung verschoben?

Beobachte dich im Zusammensein mit dieser Person. Wie fühlst du dich? Gelingt es dir, frei und locker zu erzählen, zuzuhören und zu genießen? Fühlst du dich gehört, gesehen? Möchtest du einfach deinen Frust abbauen und über jemanden herziehen? Redet das Gegenüber nur von sich?

Schreibe daheim auf, wie du die Dynamik in dieser Beziehung wahrnimmst. Erinnere dich dabei an den Hund. Wenn ihr beide Hunde wäret, wie würdet ihr euch verhalten? Wer wäre dominanter? Was würdet ihr zusammen anstellen? Schaue auch deine Rolle genau an. Gibt es Triggerpunkte, die diese Freundin, dieser Freund bei dir aktiviert? Gibt es ein Verhalten von dir, das den anderen nervt?

Lerne von deinen Freundschaften und lass Beziehungen, die dich nur belasten, langsam auslaufen.

Igel

(Erinaceidae)

URVERTRAUEN, SCHUTZ

Eigenschaften und Lebensweise des Igels

Igel leben als Einzelgänger. Sie brauchen Hecken und Nischen, um sich zu verstecken und tagsüber zu ruhen. In der Nacht gehen sie auf die Jagd nach Insekten, Würmern, Schnecken, Asseln, kleinen Vögeln und Reptilien. Auch Früchte und Nüsse fressen sie gern.

Der Igel ist ein lauter nächtlicher Gast. Er raschelt, grunzt und schmatzt. Er ist eigentlich sehr gut geschützt mit seinem Stachelpanzer, sodass er es gemütlich nehmen kann, auf Heimlichtuerei verzichten darf und sich nur um seine Angelegenheiten kümmern muss. Außer während der Paarungszeit gehen Igel ihren Artgenossen aus dem Weg. Wenn sie sich allerdings trotzdem zu nahe kommen, kann das in lautstarken Streit ausarten. Da wird gegrunzt, gefaucht, gequietscht und sogar geschrien.

Vor Fressfeinden schützen sich die Igel, indem sie sich zu einer mit Stacheln bewehrten Kugel zusammenrollen. Eine Strategie, die ihnen viel Sicherheit gibt. Nur dem Uhu gelingt es, den Stachelpanzer zu knacken. Hunde, Füchse, Marder und andere nächtliche Beutegreifer können vielleicht einmal das Glück haben, auf einen geschwächten oder sehr jungen Igel zu stoßen, der sich zu wenig einrollen kann, doch das ist die Ausnahme. Die Stacheln sind aus verhornten Haaren entstanden und bedecken den Nacken und den Rücken zur Gänze.

Der schlimmste Feind der Igel ist der Mensch. Jedes Jahr werden unzählige Igel überfahren. Die Taktik des Zusammenrollens nützt bei einem Auto nichts.

Früher haben die Igel mehr an Feld- und Waldrändern gelebt. Durch die großen Monokulturen und die starke Bewirtschaftung auch der Wälder, hat sich der Igel aber zu einem Kulturfolger entwickelt. In naturnahen Gärten und anderen wenig genutzten Umgebungen von Gebäuden finden die Igel heute gute Lebensgrundlagen.

Über den Sommer muss der Igel viel fressen, damit er den Winterschlaf gesund übersteht. Vor allem die jungen Igel haben damit manchmal Mühe und sie werden von Igelstationen aufgenommen und dort im Winter betreut.

Was dir der Igel sagt

Es gibt Situationen im Leben, da ergibt es Sinn, vorübergehend eigenbrötlerische Tendenzen zu entwickeln, anderen aus dem Weg zu gehen, sich zurückzuziehen und die eigenen Reserven aufzufüllen. Das kann durchaus sehr genüsslich sein. Auf eindringliche Reaktionen von außen (»Wo bist du denn?«, »Warum meldest du dich nicht?«) darf man in solchen Zeiten etwas grummelig reagieren, sich einigeln und »tot stellen«.

Wenn du gerade in einer solchen Stimmung bist, dann nimm dir diese Pause, in der du nur dein Ding machst, dich so vielleicht auf eine längere Auszeit vorbereitest, in der du ein emotionales Thema etwas abkühlen lassen oder dir für dich neue Schritte überlegen kannst. Du musst nicht verletzend und kämpferisch sein. Du musst dich auch nicht verstecken und tarnen wie der Fuchs. Deine Botschaft an die Umwelt darf sein: »Alles klar, aber lasst mich in Ruhe, bitte!«

Wer sich dann als Eindringling erweist und aus Neugier, aufgrund eines Helfersyndroms oder aus Machtgehabe trotzdem zu nahe kommt, den darfst du in die Schranken weisen. Wie ein Igel in deinem Lebensraum herumwuseln, nach den verborgenen, schleichenden, schleimigen Mustern suchen, hinter den kriechenden, krabbelnden Konditionierungen her sein, die das Leben manchmal erschweren – das tut dir gut und du hast ein Anrecht darauf.

Aber Achtung: Das Abschotten hilft dir nicht, sondern ist sogar sehr gefährlich, wenn eine echte Herausforderung ansteht, etwas, was du alleine nicht lösen kannst, wo du dir Hilfe von außen holen solltest oder es vielleicht sogar besser ist, den Platz zu räumen.

Wie du dich mit der Kraft des Igels schützen kannst

Du fühlst dich schutzlos, ausgeliefert und ausgelaugt, wie ein rohes Ei und einem bestimmten Thema oder allgemein deinem Alltag gerade nicht gewachsen – dann ist der Igel ein guter Begleiter. Er lenkt deine Aufmerksamkeit ganz auf den Boden der Tatsachen. Er hilft dir, dich dem zuzuwenden, was in realem Zusammenhang mit deiner Erschöpfung steht.

Zuerst einmal musst du dich nicht gleich einkugeln und dich gegen alles und jeden abschotten. Nimm dich zunächst einmal raus und lass das Thema und die damit Beteiligten einfach los. Es geht jetzt darum, danach zu suchen, was du gerade brauchst. Eine Pause, eine Ablenkung, einen Plan, eine Schulter. Organisiere für dich in ganz naher Zeit eine, wenn auch nur kleine, Auszeit und bitte alle, die du dann sicher nicht sehen willst, darum, dich in Ruhe zu lassen. Verwöhne dich in deiner Auszeit mit richtig irdischen Genüssen. Dann suche nach den Qualitäten in deinem Leben, die du gerne leben würdest und die einer solchen Erschöpfung entgegenwirken könnten.

Der Igel zeigt dir, dass du das, was du brauchst, nicht in Träumen und Visionen suchen musst. Es liegt unmittelbar in deiner Reichweite und ist realistisch erreichbar. Vielleicht eine neue, schönere, besser gelegene und günstigere Wohnung? Dann schlage jetzt die Zeitung auf oder besuche die entsprechende Plattform im Internet und finde die Wohnung. Einen anderen Job. Schnüffle dort herum, wo du gerne arbeiten würdest, und bewirb dich.

Der Igel bewegt sich nicht schnell und auch nicht heimlich, aber er ist auch nicht träge. Er handelt und nimmt, was er findet. Lass dich vom Igel führen und gehe diesen Weg zur Verbesserung deiner Situation eigenbrötlerisch. Wenn dir dabei jemand begegnet, der dich und deine Situation ausnutzen, dir schaden oder dich manipulieren möchte, kugle dich ein und lass den anderen deine Stacheln spüren.

Richte dir einen Igeltag ein

Plane in deinem Kalender einen Igeltag ein. Das ist ein Tag, an dem du dich aus allen Pflichten herausnehmen kannst und ganz für dich da bist. Dabei geht es nicht darum, dass du dich von denen abschottest, mit denen du gern Zeit verbringst. Schotte dich von dem ab, was dich so in die Pflicht nimmt, dass du deine Kraft daran verlierst. Das kann je nach Situation verschieden sein.

Der Igeltag sollte nicht völlig durchgeplant sein. Es soll ein Tag sein, der dir Freude bereitet und dich das tun lässt, das du gerne tust und das dich stärkt. Nimm Menschen dazu, denen du Zeit widmen möchtest, wenn du magst. Vielleicht willst du aber auch allein sein an deinem Igeltag. Ein anderes Mal willst du möglicherweise Zeit mit deiner Mutter verbringen, ein anderes Mal mit deinem Partner. Einmal willst du deinen Igeltag verschlafen und beim nächsten Mal ins Shoppingcenter gehen. Deshalb ist es wichtig, dass du den Tag nicht mit Pflichten füllst. Gedanken wie »Ich habe meine Tante schon lange nicht mehr besucht, das sollte ich dringend tun« sind wichtig, haben aber mit dem Igeltag nichts zu tun.

Jaguar, Schwarzer Panther
(Panthera onca)

SCHNELLE ENTSCHEIDUNG

Eigenschaften und Lebensweise des Jaguars

Der Jaguar unterscheidet sich vom in Afrika lebenden Leoparden nur beim genauen Hinschauen. Der Jaguar ist kräftiger, sein Kopf ist markanter und seine Flecken sind innen gepunktet. Er kommt in Süd- und Mittelamerika vor und ist ein majestätisches Tier. Nach dem Löwen und dem Tiger ist er die drittgrößte Raubkatze. Wie beim Leoparden kommen beim Jaguar auch Tiere mit schwarzem Fell vor. Beide werden dann Schwarzer Panther genannt.

Der Jaguar ist sehr anpassungsfähig. Allerdings bevorzugt er die Nähe des Wassers, die dichten tropischen Regenwälder und Steppen und Savannen mit reichlichem Baumbestand. Im zwielichtigen Unterholz unter Baumgruppen oder im Dschungel, wo das Licht- und Schattenspiel durch die Blätter der Pflanzen stets in leichter Bewegung ist, ist die wunderschöne Großkatze kaum zu erkennen. Der Jaguar verschmilzt nahezu mit seiner Umgebung und seine bewussten, schleichenden Bewegungen fallen nur dem sehr geübten Auge auf.

Trotz seiner Größe ist er ein heimlicher und kraftvoller Jäger. Er liegt auf der Lauer oder pirscht sich leise an sein Opfer heran und schlägt schnell und tödlich zu. Ob er dabei vom Boden her kommt oder aus dem Astwerk springt, macht keinen Unterschied. Er steht an der Spitze der Nahrungskette und daher hat er keine eigentlichen Feinde. Unerfahrene Tiere können einem Krokodil zum Opfer fallen oder durch eine Giftschlange den Tod finden, doch das sind keine häufigen Ereignisse. Eher kommt es vor, dass raufende Rivalen sich tödlich verletzen.

Was dir der Jaguar sagt

Wie alle Großkatzen ist auch der Jaguar ein Führer. Der Jaguar führt dich in die Bereiche deines Wesens, wo du um Entscheidungen ringst. Er fordert dich auf, klar und direkt auf einen Weg zuzugehen und dich nicht von Ängsten ablenken zu lassen.

Jede Entscheidung kann das Leben leichter und auch schwerer machen, jeder Weg birgt neben Erkenntnissen auch Hindernisse und egal, was du wählst, du kannst dir immer vormachen, dass es einen besseren Weg gegeben hätte. Doch darum geht es nicht. Es geht darum, dass du das, was ist, anpacken musst und einen gangbaren Weg dafür finden kannst. Es ist nicht das Ziel, den einfachen und bequemeren Weg zu finden, sondern das zu bewältigen, was im Jetzt ansteht.

Der Jaguar handelt nicht voreilig, er handelt überlegt. Er weiß, wo er sich positionieren muss, um zum Erfolg zu kommen. Auch in deinem Leben brauchst du nur die Möglichkeiten ins Auge zu fassen, die du im Jetzt hast. Allerdings ist es auch sinnvoll, dich dort aufzuhalten, wo etwas geschehen kann, das du auf deinem Weg brauchst. Immer die Flucht zu ergreifen, wenn etwas unbekannt ist und herausfordernd sein könnte, ist nicht ratsam.

Wie du dich mit der Kraft des Jaguars schützen kannst

Der Jaguar entscheidet schnell und aus seiner ganzen Kraft. Nie macht er den Eindruck, dass er hadert oder an Vergangenem hängen bleibt.

In Momenten der Not, der Angst und Unsicherheit nimm den Jaguar oder den Schwarzen Panther an deine Seite und folge seiner Kraft. Erwache aus der Erstarrung und beginne, mit wachen Sinnen aus der Stille dein Leben zu erspüren. Spüre in die tatsächliche, reale Situation hinein. Sei der Panther, der Jaguar und schleiche symbolisch auf das zu, was dich bedrängt. Du bist gut getarnt und fast unsichtbar. Mit all deinen wachen Sinnen prüfe die Realität deines Lebens und des Problems, das dich verunsichert. Es steht ein nächster Schritt an und den musst du erkennen. Dann entscheide! Entscheide dich für das Naheliegende, Mögliche, und handle. Dann beobachte erneut. Wach und im Bewusstsein deiner Kraft, die vom Jaguar unterstützt wird.

Mit großer Gewandtheit kann der Jaguar dir aufzeigen, wo deine Ängste liegen und was diese in deinem Leben blockieren. Er weist darauf hin, dass du dir Verhaltensweisen angeeignet hast, die dir das Leben erschweren, nur um dem auszuweichen, was dich irritiert und was du fürchtest. Mit dem Schwarzen Panther oder Jaguar an der Seite ist es ein Leichtes, den Schatten zu begegnen und sie aufzulösen. Die Kraft der schnellen Entscheidung ist das Werkzeug dafür. Mit Geduld und Ausdauer, wach und lauernd auf den richtigen Moment zu warten ist die Weisheit, die es dazu braucht.

Nie würde sich die erfahrene Raubkatze bewusst zu einer vorschnellen Entscheidung oder einem unmöglichen Kraftakt hinreißen lassen. Geschieht uns das, ist das immer ein Zeichen der Unsicherheit und der Angst. Es ist möglich, dass du den Moment verpasst hast, ein Problem elegant zu lösen. Das ist zwar schade, aber es ist, wie es ist. Hadere nicht damit, beobachte weiter, bringe dich wieder in Position und erwarte die neue Chance. Bleibe bei dir und in der Jaguarkraft. Wenn etwas gelöst werden muss und darf, das heißt, wenn du entscheidest, dass du es lösen willst und kannst, kommt der richtige Moment wieder und wieder, bis du es tust.

Sinnesübung

1. Suche einen Ort im Freien auf, den du magst und wo du alleine und ungestört bist.
2. Setze dich bequem hin und schließe deine Augen. Sammle dich, indem du deine Atmung beobachtest.
3. Stelle dir vor, dass du wie eine Raubkatze aufmerksam mit all deinen wachen Sinnen auf der Lauer sitzt. Bitte den Jaguar zur Unterstützung in deine Nähe.
4. Dann öffne die Augen und taste mit deinem Fühlen, mit deinem Hören, Riechen und Spüren dein Umfeld ab. Erst einfach das, was unmittelbar um dich herum liegt. Etwa im Radius von einem Meter. Achte auf die Energien, auf die Bewegungen, lausche den leisen Geräuschen und öffne dein Herz, um mit all deinen Sinnen zu tasten.
5. Strahle die Energie deines Herzens wie Sonnenlicht in deine unmittelbare Umgebung aus. Atme bewusst tief und langsam durch deinen ganzen Körper. Nimm wahr, wie der Platz sich an deine Herzenskraft angleicht.
6. Wenn du magst, kannst du den Radius nun auch noch etwas ausdehnen. Den Raum über dir und unter dir kannst du mit einbeziehen.

Das Leben, das diesen Ort beseelt, verbindet sich ganz natürlich mit dir und es entsteht ein liebevoller Ausgleich. Mache den Platz zu deinem Platz, für die Zeit, in der du dort bist. Ein Platz zum Sein, nicht ein Platz zum Haben. Ruhig, bewusst und voller Würde sitzt du da, bist ganz im Sein und wachst mit all deinen Sinnen über diesen Ort. Wie ein König oder eine Königin regierst du mit deinen Sinnen über diesen Platz. Bemerke in Liebe das leise Schnurren der großen mächtigen Raubkatze neben dir.

Katze, Hauskatze
(Felis catus)

SINNLICHKEIT,
WAHRNEHMUNG

Eigenschaften und Lebensweise der Katze

Die heutige Hauskatze geht zum großen Teil auf die Falbkatze zurück, welche in Nordafrika beheimatet ist. Diese ist bedeutend umgänglicher als unsere europäische Wildkatze. Katze und Mensch leben schon seit sehr langer Zeit Seite an Seite. Erste Nachweise domestizierter Katzen stammen aus dem arabischen Raum, genauer aus dem alten Ägypten. Dort nahm das Tier früh einen hohen Stellenwert ein. Katzen wurden dort vor allem – so wird vermutet – von adligen und reichen Familien gehalten. Nicht nur, weil sie es verstanden, die Vorratskammern vor Mäusen und Ratten zu befreien, sondern auch als Tiere fürs Herz.

Schmusen, Spielen, Kuscheln sind eine Seite der hübschen Grazien. Wer mit einer Katze lebt, kennt aber auch ihre Verbundenheit mit dem Mystischen. Katzen haftet etwas Magisches an und viele von ihnen fühlen sich von spirituellen Menschen angezogen. Die verspielte, stolze, freiheitsliebende Katze hat in Form der ägyptischen Katzengöttin Bastet, der Tochter des Sonnengottes Re, sogar in den Götterhimmel Einzug gehalten.

Heute zählt die Hauskatze wohl zu den beliebtesten Haustieren überhaupt. Katzen sind begnadete Jägerinnen, die allem nachstellen, was sich bewegt. Nicht nur zum Fressen, sondern auch einfach, um ihren Spieltrieb zu befriedigen. Anders als die Wildkatze kann die Hauskatze ganz auf sich gestellt im Klima nördlich der Alpen nicht überleben. Sie musste sich daher immer einen Platz in der Nähe der Menschen suchen. Einen Platz, der warm und trocken ist und auch genügend Schutz bietet.

Katzen sind sehr intelligente Tiere, doch ihre hervorragenden Sinnesleistungen und ihre Fähigkeit, andere Tiere und Menschen zu lesen und zu deuten, sind die wahren Erfolgskonzepte dieser Tierart.

Was dir die Katze sagt

Die Katze zeigt uns, dass es sich lohnt, unsere Sinne zu schärfen und auf die Wahrnehmung zu achten.

Unsere Wahrnehmung setzt sich aus verschiedenen Sinnen zusammen. Und Hören, Sehen, Riechen, Schmecken, Tasten sind nur Teile davon. Zur Wahrnehmung gehören nämlich auch das Bauchgefühl, die Ahnung, die Zeichen oder eine innere Stimme. Die Katze achtet auf all diese Sinne. Sie ist Meisterin darin, Sinneseindrücke in sich zu sammeln und zu einer klaren Erkenntnis zu führen. Das, was so aus der vollumfänglichen Wahrnehmung entsteht, ist die Wahrheit. Mindestens für den Augenblick und es ist fraglos richtig, dieser Wahrheit bei einer Entscheidung Rechnung zu tragen.

Für die Katze ist die Fähigkeit, sich auf ihre Sinne verlassen zu können, der wichtigste Schutz. Sie hat gelernt, ihren Sinnen zu trauen, und sie erwartet auch keine einheitliche Wahrheit mit anderen Wesen. Was ihre individuelle Wahrnehmung zu einer momentanen Wahrheit zusammenstellt, ist wegweisend.

Wer sich mit Katzen verbindet, der wird schnell lernen, dass Nähe und Distanz, Zuneigung und Kühle keinen äußeren Bedingungen folgen. Die Katze schmust dann, wenn sie es will, und sie kann ohne ersichtlichen Grund reserviert sein. Es macht uns frei und unabhängig, wenn wir uns erlauben, unseren Empfindungen zu folgen, ohne dafür im Außen einen Grund zu brauchen. Wir können von der Katze lernen, dass wir keine Hilfe benötigen, um glücklich zu sein – keine bestimmte Situation und auch kein besonderes Verhalten eines Menschen.

Wie du dich mit der Kraft der Katze schützen kannst

Wenn es in deinem Leben Situationen gibt, die dich verwirren und aus denen du nicht klug werden kannst, dann hilft dir die Katze, deine Wahrheit zu finden.

Wichtig ist, zu verstehen, dass es nicht eine Wahrheit gibt, wahrscheinlich hat jedes Geschöpf eine eigene Wahrheit. Wie das Wort schon sagt, hängt die Wahr-heit stark mit der Wahr-nehmung zusammen. Folglich musst du dich auf deine Wahrnehmung verlassen und daraus deine Wahrheit bilden. Diese so gefundene Wahrheit ist für dich gültig und es ist nicht relevant, ob jemand anderes zu einer ähnlichen oder anderen Überzeugung gelangt. Ob etwas groß oder klein ist, liegt im Auge des Betrachters. Ob jemand sympathisch ist oder nicht, ebenfalls. Was dir guttut und was nicht, ist genauso Ansichtssache und insbesondere in dieser Frage solltest du deine eigene Wahrheit finden

Was die Katze dich lehrt, ist, dich selbst nie zu betrügen. Prüfe deine Wahrnehmung und halte dich an die so gefundene Wahrheit. Mindestens im Moment. Gerade in Bezug auf sinnliche Erfahrungen ist es wichtig, sich so zu schützen. Prüfe mit all deinen Sinnen, ob du jemanden ganz nahe an dich heranlassen willst.

Weißt du, warum die Katze mit ihrer Beute spielt, bevor sie sie frisst? Im Spiel kann sich die Katze über die Gefährlichkeit der Beute klar werden. Spielend und schnurrend zu beobachten, welches Spiel eine Person treibt, bevor du dich schutzlos auf sie einlässt, ist also eine gute Strategie, um Verletzungen zu vermeiden.

Ebenfalls gehört es zu deiner Aufgabe, deine Gefühle zu schützen. Gefühle folgen deinen Empfindungen. Die Empfindungen setzen sich aus unzähligen winzigen Informationen von außen und innen zusammen, die sehr individuell sind. Auch wenn dein Bewusstsein von deinen Sinnesimpulsen nur wenig mitbekommt, so werden ununterbrochen Sinnesimpulse zwischen Hirn und Nervenzentren ausgetauscht. Diese Impulse kreieren unser Empfinden und unsere Befindlichkeit. Ich kann also innehalten und überprüfen, wie es mir geht, und merken, dass ich glücklich bin oder traurig, gestresst oder fröhlich, und dazu gibt es in der eigentlichen Geschichte keinen wirklichen Anlass. Nimm die Gefühle, die so entstehen, einfach an, gib ihnen das Recht zu sein und schütze sie vor ungefragten Ratgebern. Sie wandeln sich zum Guten, wenn du dich in deiner Geschichte der Freude zuwendest.

Mach es wie die Katze. Sie wählt, was ihr guttut, und genießt es in vollen Zügen. Wer sich ihr nähert, um sie zu erziehen, den lehnt sie ab, wenn nötig auch durch Fauchen, Kratzen und Beißen.

Katzenorakel

- Suche dir eine schöne, kraftvolle Katzenfigur, ein kraftvolles Katzenbild oder ein Schmuckstück, das eine Katze zeigt. Es soll nicht niedlich sein, sondern klar, kraftvoll und würdig.
- Platziere deine Katze an einem gut sichtbaren Ort in deiner Wohnung. Diese Katze wird dich in Zukunft daran erinnern, dass du deine Sinne schulen und deiner Wahrnehmung folgen sollst.
- Wenn du dir über eine Person, eine Entscheidung, ein Gefühl nicht im Klaren bist, schreibe die Frage, das Gefühl oder den Namen der Person auf einen Zettel oder drucke ein Bild aus und gib den Zettel oder das Bild deiner Katze für einige Stunden in Obhut.

- Nimm den Zettel oder das Bild nach einiger Zeit wieder an dich und lege die deine so festgehaltene Unsicherheit auf dein Herz. Du wirst sofort spüren, ob es ein Nein oder ein Ja ist.
- Achte aber darauf, dass du Fragen stellst, die man mit Ja oder Nein beantworten muss. Bei Gefühlen kannst du, während du das Blatt auf dein Herz hältst, Situationen aus deinem Leben durchdenken und du wirst wissen, zu welchen Ereignissen das Gefühl gehört.

Löwe

(Panthera leo)

FÜHRUNG IM LEBENSPLAN, ERMÄCHTIGUNG

Eigenschaften und Lebensweise des Löwen

Er wird König der Tiere genannt, sein Bildnis ziert die Fahnen von Familien, Ortschaften oder Vereinen. Ein Sternzeichen ist nach ihm benannt und es wird ihm eine nahe Verbindung zur Sonne bezeugt. Der Löwe ist ein mächtiges Tier und berührt uns sehr.

War er in der Zeit vor Christi Geburt noch weit verbreitet, so verschwindet er doch heute immer mehr. Einzig im südlichen Afrika und in einem Bundesstaat in Indien lebt er noch frei. Neben dem Tiger ist der Löwe die größte Raubkatze. Er bevorzugt Steppen, Savannen und Randgebiete der Wüsten. In dichten Wäldern hält sich der Löwe nicht auf.

Die Löwin ist körperlich deutlich kleiner als der männliche Löwe, den man auch an seiner Mähne erkennt. Löwen leben im Rudel. Vor allem sind es die Löwinnen, die mit ihren weiblichen Verwandten zusammenbleiben und sich gemeinsam um die Jagd und die Jungen kümmern. Ein bis zwei männliche Tiere übernehmen die Führung dieses Rudels, beschützen es vor Rivalen und sichern das Revier. Sie setzen regelmäßig ihr Leben aufs Spiel im Kampf gegen jüngere Löwen, die das Rudel übernehmen wollen. So wird ein Rudelführer meist nach zwei, drei Jahren von einem stärkeren Gegner vertrieben und meistens erliegt er den schweren Verletzungen des Kampfes.

Die Machtübernahme durch ein neues Männchen ist ein dramatisches Ereignis. Der neue König akzeptiert die Nachkommen des Vorgängers nicht. Diese werden in der Regel getötet oder sie müssen fliehen. Die Geschwister bleiben dann zusammen und unterstützen sich gegenseitig. Bei der Geschlechtsreife trennen sich die Brüder von den Schwestern und gehen ihre eigenen Wege. Brudergruppen entwickeln untereinander eine sehr tiefe Bindung.

Auf das Risiko, einem Rivalen die Weibchen abzunehmen, lassen sich nicht alle ein. Denn auch die Löwinnen sind in diesem Spiel mächtig. Sie haben die Wahl, einen neuen König zu akzeptieren. Selbst wenn sich der Löwe also gegen den alten König durchsetzen konnte, muss es nicht sein, dass die Löwinnen ihn akzeptieren. Und mit einem Rudel Löwinnen legt er sich nicht an. Wie alle klugen Männer versucht er es in diesem Fall höchstens mit Charme und zeigt sich von der nützlichen Seite.

Was dir der Löwe sagt

Der Löwe ist ein mächtiges Krafttier, das dich dabei unterstützt, den Platz auf dem Thron deines Lebens einzunehmen, dich zur Königin oder zum König in deiner Geschichte zu ernennen und dich für deinen Weg einzusetzen.

Dabei ist er sicher nicht zimperlich. Er brüllt, er kämpft, er behauptet sich für das, was er erreichen will und was er erreicht hat. Doch er weiß auch, was er sich zumuten kann, und wird sich sowohl in Beziehungen wie auch auf der Jagd nicht überschätzen. Er folgt seinem Plan und dieser führt ihn in Herausforderungen, die ihn immer stärker werden lassen.

Sich mit dem Löwen zu verbinden heißt, sich innerlich über alles zu erheben, was schwächt. Seien es Ängste, Sorgen, schlechte Erfahrungen, alte Wunden, Unsicherheit und vieles mehr – der Löwe rät dir, aufzustehen, dich in deine Kraft zu stellen und das Einschränkende abzuschütteln. Er will dich begleiten, um deine Stärken zu trainieren, deine Fähigkeiten zu fördern. Auch deinen Wunsch nach Macht unterstützt er, wenn es deinem Lebensplan entspricht.

Vielleicht musst du ganz von vorne beginnen. Vielleicht sind dir deine Stärken noch verborgen, deine Fähigkeiten noch ohne Erfolg, und dein Wunsch ist es, erst die Ohnmacht zu überwinden. Dieser Zustand bezeugt, dass du auf gutem Weg bist. Der Löwe weiß um die zerschmetternden Ereignisse in deiner Vergangenheit, wegen derer du jetzt vielleicht am Boden bist, und er hat deine Wunden schon sauber geleckt. Nun geht es darum, einen neuen Anlauf zu nehmen und dich zu deiner ganzen Größe zu erheben.

Wie du dich mit der Kraft des Löwen schützen kannst

Der Löwe ist ein begnadeter Beschützer. Er stellt sich der Gefahr. Wo er auftritt, weichen alle ehrfürchtig zurück. Für wen er Verantwortung übernommen hat, für den gibt er alles.

Willst du dich mit dem Löwen als Schutztier verbinden, musst du dich ihm als würdig erweisen. Nicht seine Eigenschaften sollst du dir aneignen, sondern deine eigenen. Ganz bei dir zu bleiben und du selbst zu sein sind die Aufgaben, die er dir gibt. Er will dich erkennen, dein wahres Gesicht und deine wahre Identität. Er will Ehrlichkeit von dir und mit dir selbst.

Schau in den Spiegel und frage dich, wie viele der Interpretationen deiner Geschichte wirklich der Realität entsprechen und welche du dir zurechtgelegt hast und so oft erzählt hast, dir und anderen, bis sie wahr wurden. Schäme dich nicht dafür, das ist normal und in unserer Kultur unumgänglich. Wir müssen uns so oft erklären, müssen über unser Befinden Auskunft geben und eine gute Show abliefern, dass wir unsere innere Wahrheit selbst nicht mehr kennen. Doch der Löwe will dein wahres Antlitz sehen, dein Sonnengesicht, das, was du bist, wenn nichts anderes als das eigene sonnengleiche Sein aus dir strahlt und dein Gesicht formt.

Fühle dich ein in das Licht deiner inneren Sonne, wie sie aus deiner Mitte strahlt und dich von innen her durchwirkt. Fühle die Gelassenheit, die Wärme, die Offenheit, wie sie sich bis unter deine Haut ausdehnen und dich erfüllen. Liebe und Licht sind die Quellen deiner inneren Sonne. Bist du von diesen Kräften erfüllt, kannst du entspannt zulassen, dass sich das von dir zeigt, was wahr ist. Dann stellen sich der Löwe und seine Löwin an deine Seite und werden dich beschützen.

Löwenritual

Es ist Zeit, dich zu krönen, deinen Thron zu besteigen und die Macht über dein Leben zu dir zurückzunehmen. Das Löwenritual kann dich dabei unterstützen. Du brauchst dazu einen Thron, das kann irgendein stattlicher Stuhl sein mit Armlehnen, eine neue große, weiße oder goldene Kerze, ein Zepter, ein Umhang, eine Krone, ein Amulett. Du kannst Dinge, die du schon hast, für das Ritual verwenden oder du bastelst dir diese Artefakte.

Als **Zepter** eignet sich ein etwa 50 Zentimeter langer, stabiler Stab, den du schmückst oder bemalst.

Aus einem Schal oder einer Decke lässt sich gut ein **Umhang** machen.

Die **Krone** sollte dagegen wirklich etwas darstellen. Nimm nicht einfach eine Papierkrone. Besorge dir entweder eine dicke Goldfolie und schneide dir eine Krone passend zu deinem Kopfumfang aus und verziere sie nach deinem Geschmack. Du kannst dir aber auch einen Kranz aus einem Zweig deines Lieblingsbaumes binden, einen fertigen Lorbeerkranz zur Hand nehmen oder einen Federschmuck basteln.

Für das **Amulett** zeichnest du den Löwen auf ein Metallplättchen, wie du es zum Beispiel im Bastelladen kaufen kannst, und bindest dieses an ein buntes Band, an eine Lederschnur oder an eine Halskette.

1. Wähle nun einen Platz in deiner Wohnung, draußen an einem ruhigen, starken Ort oder, wenn nicht anders möglich, in deiner inneren Welt, und richte den Ort so ein, dass er feierlich wird.
2. Lege dazu deine Artefakte um deinen Stuhl bereit. Die Krone und das Amulett legst du auf die Sitzfläche, den Umhang legst du über die linke Armlehne, das Zepter auf oder neben die rechte. Etwas vom Thron entfernt legst du ein Kissen auf den Boden und stellst die Kerze auf ein niederes Tischchen.
3. Stelle dir nun vor, dass dein Schutzengel hinter dir steht und zwölf geistige, hohe Meister sich um den vorbereiteten Platz aufstellen.
4. Nun zünde die Kerze an, knie vor sie hin und bete zu der Göttlichkeit in dir. Erkläre feierlich, dass du jetzt dein wahres Erbe als Königin oder König deines Lebens antreten möchtest, und bitte darum, dass du Hilfe bekommst, dich aus all den Mustern und Manipulationen zu erlösen, die dich von dir selbst trennen. Erkläre dich bereit, die Attribute der dir von der Schöpfung verliehenen Macht als Geschöpf der Erde anzunehmen und für die Erfüllung deines Plans zu nutzen. Verneige dich vor der inneren Göttlichkeit und bitte um deren Segen.
5. Verweile in besinnlicher Verbundenheit, solange du es wichtig findest.
6. Dann stelle dir vor, dass dich dein Schutzengel im Namen der Göttlichkeit segnet und dir zum Zeichen der Macht sein Schwert auf die linke Schulter legt, dann auf die rechte und schließlich sanft auf deinen Kopf.
7. Erhebe dich und erkläre dich nun bereit, die Verantwor-

tung für dein Leben aus deiner inneren Kraft zu übernehmen.

8. Gehe zum Thron, nimm das Löwenamulett auf und lege es dir um den Hals. Versprich dir, dass du dich für dich mit allen Kräften, die in deiner Macht stehen, einsetzen willst, du zu dir stehst und dich führst.
9. Lege dir dann den Mantel um die Schultern und versprich dir, dass du dich und dein Leben schützt, dir Ruhe und Geborgenheit bieten und auf das Wohl deiner Seele achten willst.
10. Nun nimm die Krone in beide Hände, stelle dich ganz aufrecht hin und versprich dir, das du deine Macht aus deinem wahren Geist empfangen willst, sie mit deinem offenen Herzen lebst, für dich und für den Plan, der dir vom Göttlichen anvertraut wurde. Setze die Krone auf dein Haupt.
11. Dann nimm das Zepter in die rechte Hand, erhebe es und versprich dir, dass du nach bestem Wissen und Gewissen, aus der Weisheit von Herz und Verstand, nach deinem wahren Willen über dein Leben gebieten willst.
12. Drehe dich jetzt langsam eineinhalbmal im Kreis und stelle dir vor, wie du alle zwölf Meister, die um diesen Platz stehen, anblickst und dich vor jedem kurz verneigst. Sei dir bewusst, dass sie deiner Krönung beigewohnt haben und diese bezeugen können.
13. Am Ende setzt du dich als wahrhaftige Königin, als wahrhaftiger König auf deinen Thron. Lege das Zepter auf deine Knie.
14. Nimm das Amulett in deine rechte Hand und lege die linke Hand auf dein Herz. Lass das, was jetzt Großartiges geschehen ist, als Kraft in das Amulett strömen. Es wird dich stets an deine Versprechen erinnern.

Meeresschildkröte

(Cheloniidae)

WAHRE LIEBE

Eigenschaften und Lebensweise der Meeresschildkröte

Im Laufe ihrer Evolution hat sich eine Gattung der Landschildkröten nach und nach ganz an das Leben im Salzwasser angepasst und wurde zur Meeresschildkröte. Ihr Panzer hat sich so verändert, dass sie den Kopf nicht mehr wie ihre Verwandten auf dem Land einziehen können. Der Kopf und auch die Augen sind im Verhältnis zum Körper größer geworden. Ihre zu Flossen entwickelten Vorderbeine bewegen sich wie die Flügel eines Adlers, wenn die Meeresschildkröte durch das Wasser zieht. Anmutig und kraftvoll schwimmt sie in den Weiten der tropischen und subtropischen Meere.

Abgesehen von dem kurzen Weg nach dem Schlüpfen im Sand hin zum Wasser und von der Eiablage, für die die Weibchen jährlich an ihren Geburtsstrand zurückkehren, verbringen die Meeresschildkröten das ganze Leben im Meer. Sie ernähren sich von Quallen, Tintenfischen und Krebsen, aber auch von Wasserpflanzen.

Da die Meeresschildkröten mit Lungen atmen, können sie nur eine beschränkte Zeit unter Wasser verbringen. Je nach Aktivität müssen sie nach ein paar Minuten oder erst nach einer guten halben Stunde auftauchen. Im Schlaf halten sie es sogar einige Stunden unter Wasser aus, ohne Luft zu schöpfen. Dies ist möglich, weil sie das CO_2 als eine Art Platzhalter in den Zellen speichern. An der Wasseroberfläche atmen sie das CO_2 dann aus und Sauerstoff ein. Außerdem wird der Stoffwechsel bei einem längeren Tauchgang stark herabgesetzt, um weniger Sauerstoff zu verbrauchen.

Auf ihren Reisen durch die Meere orientieren sich die Meeresschildkröten am Licht und am Magnetfeld der Erde.

Was dir die Meeresschildkröte sagt

Die Schildkröte erinnert uns an Mutter Erde. Besonders die Landschildkröten fordern uns auf, uns an die Erde anzugleichen und respektvoll mit dem umzugehen, was uns hier gegeben ist. Die Wasserschildkröten und dabei im Speziellen die Meeresschildkröten hingegen raten uns, unsere Gedanken und Gefühle dem Ganzen zuzuwenden. Hingabe an das Leben, Achtsamkeit für das Sein, weg von den Forderungen an die Erde, an die Schöpfung, hin zur Dankbarkeit und Freude – das ist die Devise der Meeresschildkröte.

Die Meeresschildkröte erinnert uns daran, dass die Erde die Quelle der Liebe ist. Die Liebe, jene Kraft, die uns erst die Möglichkeit gibt, uns zu erfahren und zu erleben, ist viel mehr als das, was zwischen zwei Geschöpfen als Anziehung wirkt. Liebe ist auch mehr als das wunderbare Gefühl, das, ausgelöst durch etwas, das uns berührt, unser Sein durchströmt, sich in unserem Leben ausdehnt und uns glücklich sein lässt.

Liebe ist neben dem Licht der eigentliche, weibliche Urpol auf der Erde. Aus der Verbindung von Licht, das der männlichen Schöpfungsenergie entspricht, und der Liebe manifestiert sich die Schöpfung auf der Erde in lebendigen, mannigfaltigen Ausdrucksformen. Jedes Wesen, das auf der Erde ist, lebt aus dieser Verbindung und wandelt sich durch die Evolution gemäß einem individuellen Plan.

Liebe ist wie das Meer, aus dem das Leben hervorgeht und wohin es mit neuem Wissen durch Erfahrung wieder zurückkehrt. Alles, was an gelebtem Wissen von allen Lebewesen gesammelt wird, ist als Information im Salz und Wasser der Meere gespeichert.

Wenn es uns gelingt, unserem Leben die Liebe zugrunde zu legen, Liebe in unser Fühlen und Denken bewusst zu integrieren, wird sich das sehr zu unserer Freude in der Geschichte unseres Alltags zeigen. So, wie wir mit dem Leben umgehen, so geht das Leben mit uns um. Die Meeresschildkröte ist die Hüterin dieses Wissens.

Wie du dich mit der Kraft der Meeresschildkröte schützen kannst

Wenn du dich mit der Kraft der Meeresschildkröte schützen möchtest, ist es an der Zeit, dich aus den alltäglichen, gewohnten Gefühlen und Gedanken zu erheben und dich der wahren Liebe zuzuwenden. Nicht der Liebe in deiner Geschichte, nicht der Liebe als philosophischem Thema, sondern der Liebe der Erde, die sich in der unendlichen Schönheit der Natur ausdrückt. Die Liebe, die in atemberaubender Vielfältigkeit die Präzision der natürlichen Gesetzmäßigkeiten mit Leben erfüllt. Mit pulsierendem Leben, das erblüht und vergeht, um wieder neu und vollkommener zu erblühen.

Öffne dich für dieses Wunder und nähre dich damit. Lass dein Inneres, dein lebendiges Sein sich genauso entfalten, wie die schönsten Blüten es tun, und strahle dein inneres Licht, deine Kraft und Göttlichkeit über das Leuchten deiner Augen, über die Wärme deines Herzens und über die Hingabe deines Wesens aus.

Mitten in dieser Liebe, diesem Bewusstsein um die Geborgenheit, die das Leben, auch unser Leben, in dem Wunder der Schöpfung erfahren darf, bist du umgeben von einem mächtigen und ewigen Schutzfeld, welches deine Ängste und Dramen nie wirklich zerstören können. An der Oberfläche des Bewusstseins können negative Gefühle und Gedanken dich zwar in tiefe Schatten fallen lassen, doch die wahre Liebe in dir bleibt immer als Quelle des Lebens bestehen.

Erinnere dich daran, wie viel Kraft du bekommst, wenn du dich ganz hineingibst in das Große und Wahre. Liebe ist eine Allmacht, die alles, was ist, in Ordnung bringt und in Ordnung hält.

Stelle dir vor, wie du von einer riesigen, uralten Meeresschildkröte durch den lichten, warmen Ozean der Seligkeit getragen wirst und alles in dir sich beruhigen und hingebungsvoll entspannen darf. Du bist getragen, geliebt und geschützt.

Die Essenz der wahren Liebe

Eine Essenz kann dir helfen, die wahre Liebe in dir zu fördern und zu stärken.

Wähle zur Herstellung deiner Essenz einen besonders schönen Tag, an dem du einen Ausflug in die Natur unternimmst, am besten zu einem Platz, an dem du dich sehr wohlfühlst.

Du brauchst eine Glasflasche mit reinem, klaren Wasser, ein kleines Fläschchen Schnaps (zum Beispiel Wodka oder Korn) und ein kleines, leeres, gut verschließbares Glasfläschchen. Ideal ist ein Pipettenfläschchen.

1. Gehe nun hinaus und suche nach den berührenden, beglückenden Gefühlen, welche die Wunder der Natur in dir aufkommen lassen.
2. Wenn sich dein Herz geöffnet hat, du glücklich und weit bist, dann fülle das kleine leere Fläschchen mit dem reinen Wasser aus der großen Flasche, verschließe es gut und nimm es in deine rechte Hand.
3. Lege die linke Hand auf dein Herz. Die linke Hand ist die empfängliche Hand. Die rechte Hand sendet. Lass

deine jubelnde Freude, deine Herzenswärme, die Liebe und alles, was Schönes, Kraftvolles in dir ist, in dieses Fläschchen strömen. Deine Kraft informiert das Wasser.

4. Bleibe einige Minuten voll auf den schönen, kraftvollen Strom konzentriert.
5. Um die Information zu stabilisieren, gibst du einige Tropfen Alkohol in das kleine Fläschchen.

Von der so entstandenen Essenz kannst du zehn Tropfen in eine große Flasche mit klarem Wasser geben und davon über den Tag verteilt trinken. Die Essenz ist etwa drei Monate haltbar und du kannst sie täglich benutzen, um in dir die Kraft der wahren Liebe zu fördern. Jederzeit kannst du dir eine neue Essenz machen.

Otter, Fischotter
(Lutra lutra)

WEIBLICHKEIT, LIEBE

Eigenschaften und Lebensweise des Otters

Der eurasische Fischotter ist zusammen mit dem Dachs der größte Vertreter der Familie der Marder. Er ist schon über Jahrmillionen an das Leben im Süß- und auch Salzwasser angepasst. Das erwachsene Tier erreicht eine Körperlänge vom Kopf bis zum Schwanz von bis zu 1,30 Metern. Die Beine des eleganten Schwimmers sind kurz und so erreicht er nur eine Schulterhöhe von etwa 30 Zentimetern.

Der Körper des Fischotters hat sich also hervorragend an ein Leben im Wasser angepasst. Spielerisch, sinnlich, geschmeidig gleitet der Fischotter durch das Wasser, wenn er nach Fischen, Krebsen, Fröschen und auch Bisamratten sucht. Aber auch an Land wird gejagt – Wasservögel, Mäuse, Wildkaninchen und Möwen gehören zu den Beutetieren.

Der Fischotter lebt an Gewässern mit klarem Wasser, einem reichen Fischbestand und wenigen Störungen aus dem Wasser und vom Land. Es müssen Orte sein, die ihm überdies eine gute Deckung am Ufer bieten, wo er sich seine Höhle bauen kann. Der Einstieg der Höhle befindet sich unter Wasser. Die Wohnkammer dagegen liegt deutlich höher als der Wasserspiegel und bleibt somit immer trocken. Von der Wohnkammer aus führt ein Luftschacht nach draußen, der die Wohnhöhle mit Sauerstoff versorgt und notfalls als Fluchttunnel genutzt werden kann.

Fischotter sind sehr anpassungsfähige Tiere und so kann nur schwer ein einheitliches Verhalten festgestellt werden. Sie leben so, wie das gewählte Revier es ihnen ermöglicht. Der Fischotter ist gegen Kälte unempfindlich und jagt auch während des Winters im Wasser und an Land. Sein Fell isoliert ihn hervorragend. Dicht verbinden sich die einzelnen Haare ähnlich einem Klettverschluss, sodass zwischen den Haaren und der Haut Luftpolster entstehen. Diese verhindern, dass die Haut nass wird. So kann das agile Tier seine Körpertemperatur stets halten.

Was dir der Otter sagt

Der Fischotter erinnert uns an unsere weiblichen Seiten. Nicht nur Frauen, sondern auch Männer tragen eine Weiblichkeit in sich. Es sind die Bereiche unseres Empfindens, die empfänglich, sanft und weich sind. Bereiche unserer Gefühle, die unvoreingenommen, liebend, leicht und verspielt damit umgehen, wie das Leben durch die Muster der Geschichte fließt. Es sind auch die Bereiche in unserem Denken, die harmonisieren, zusammenfügen, trösten und nähren möchten, damit Lebendigkeit sich entfalten kann und Liebe sich verströmt.

Der Fischotter fordert dich auf, nein, er verführt dich dazu, Hemmungen zu überwinden, die Kontrolle loszulassen und mit dem, was dich im Leben reizt, zu flirten, vorurteilslos zu kokettieren. Der geschmeidige Wassermarder lebt es dir vor, wenn er durch das klare Wasser schwimmt, seinen Sinnen vertrauend, ohne Strategie, voller Genuss und Freude, spielerisch leicht. Er ist unberechenbar und überraschend und er ist erfolgreich, er bringt die Beute in die Höhle zu den hungrigen Jungen selbst dann, wenn es ihm sichtlich Spaß macht, einfach zu sein.

Der Otter lehrt uns, mit dem, was im Leben ist, leicht und weich umzugehen, sich auf sich und die eigene Lust und Freude zu konzentrieren und das, was uns umgibt, zur Kenntnis zu nehmen. Er kämpft nicht, er fließt mit. Schwierigkeiten weicht er aus, Hindernisse umgeht er.

Weiblichkeit ist wie Wasser, sie fließt und umströmt, was auf ihrem Weg liegt, sie trägt, was leicht genug ist, um schwimmen zu können, und verschlingt, was schwer und unbeweglich ist.

Weiblichkeit kann launisch erscheinen. Doch eigentlich ist das nur ein Mitgehen mit dem, was ist. Ist das Wetter, also die Stimmung in der Umgebung, mild und freundlich, ist auch die weibliche Seite in uns heiter und lustig; schlägt das Wetter um, stürmt es, toben die Elemente, wird das Wasser aufgewühlt und die Emotionen aus der Weiblichkeit toben mit. Weiblichkeit hat per se keine Launen, da sie passiv ist. Sie spiegelt jedoch die wechselnden Emotionen der aktiven Seite und drückt diese aus.

Wenn du in solche Wetter gerätst, versuche die innewohnende Kraft auf etwas Freudiges, eher Körperliches zu lenken: Tanzen zu lauter Musik, schnelles Gehen, wütendes Malen.

Wie du dich mit der Kraft des Otters schützen kannst

Verbinde dich mit dem Fischotter, wenn dein Leben zu hart, zu kopflastig, zu beengend geworden ist. Lebendigkeit ist nur möglich im Zusammenwirken von weiblichen und männlichen Eigenschaften. Und wir brauchen die Lebendigkeit, um überhaupt ein Gefühl von Leben zu haben. Verlieren wir unsere Lebendigkeit, laufen wir also auch Gefahr, unser Leben zu verlieren und nur noch im Dienste anderer Menschen und Dinge zu existieren. Viele von uns sind heute mit dieser Gefahr konfrontiert und so, wie der Fischotter aus unserer Natur verdrängt wurde, wird die Weiblichkeit aus unserem Wesen verdrängt.

Frauen müssen Männern nicht beweisen, dass sie ihre Jobs besser machen können als sie. Und Männer müssen auch nicht aus ihrem ganzen Leben einen Wettbewerb um Macht und Erfolg machen. Die ganze Gesellschaft versucht heute, mit einem unglaublichen Aktivismus zu beweisen, dass wir das Leben im Griff haben und dafür bewundert und beklatscht werden sollten. Es ist ein gefährliches Spiel, das große Opfer fordern kann.

Kehre zurück zu den weichen, liebenden Seiten der Weiblichkeit, in denen du sinnliche Freude, unbändige Freiheit und herzliche Fröhlichkeit findest, in die Weiblichkeit, die das mit ihrem ganzen Wesen umgarnt, was sie für sich als bereichernd erachtet und was ihr auf jeder Ebene die Nahrung gibt, aus der sie schließlich unsere Realität erwachsen lassen kann. Deine Weiblichkeit, gelebt wie fließendes Wasser im Muster deines Lebens, schützt dich sicher vor der Verödung, der Verhärtung und der Vertrocknung in deinem Fühlen und Denken.

Ritual für die eigene Weiblichkeit

Jetzt ist Wellness angesagt. Wähle dazu einen Ort aus, an dem du dich entspannen kannst, und bereite dich darauf vor, dich so richtig verwöhnen zu lassen. Vielleicht buchst du wirklich ein Wellnesshotel oder vereinbarst einen Termin in einem Wellnessstudio. Oder du planst Zeit für dich zu Hause ein und kaufst dir, was du für deine persönliche Wohlfühlzeit brauchst.

Zu deinem Programm können eine schöne, liebevolle und weiche Massage mit feinen Ölen, ein warmes duftendes Bad, ein Pool, in dem du dich bewegen, tauchen, schwimmen, dich räkeln kannst, ein feines und liebevoll zubereitetes Essen und vielleicht eine sinnliche erotische Begleitung, mit der du deine Körperlichkeit geschmeidig und lustvoll austauschen kannst, gehören.

Spielerisch leicht soll das Verwöhnprogramm sein. Ob ihr es zu zweit zelebriert oder du allein genießt, ist nicht ausschlaggebend. Wichtig ist, dass das Ritual deiner Weiblichkeit geschenkt ist und der Kopf Pause bekommt. Du darfst genießen und ganz in die Liebe zu dir und deinem Leben finden.

Pferd
(Equidae)

LEBENSKRAFT

Eigenschaften und Lebensweise des Pferdes

Pferde wurden bereits vor langer Zeit von den Menschen domestiziert. Es gibt Berichte, denen zufolge der damalige Kaiser von China schon 3400 Jahre v. Chr. Pferde als Haustiere hielt. Das heutige Hauspferd stammt ursprünglich von europäischen und asiatischen Wildpferden und deren Unterarten ab. Durch den Menschen wurden diese edlen und treuen Tiere dann auf der Welt verbreitet.

Das Pferd hat sehr viel zur Entwicklung der menschlichen Zivilisation beigetragen. Es lieh dem Menschen seine Kraft, indem es als schweres und kräftiges Arbeitstier den Pflug über den Acker schleppte, die schwer beladenen Wagen über holperige Pfade zog. In unwegsamem Gelände gelang es nur mithilfe der starken Rosse, die gefällten Baumstämme aus dem Wald zu ziehen. Leichtere Pferde dienten als Last- und Reittiere. Mit ihnen ließen sich große Strecken überwinden und wichtige Kurierdienste schneller erledigen. Auch in kriegerischen Aktivitäten spielte das Pferd eine wichtige Rolle. All die mächtigen Bauten, die verwobenen politischen Netzwerke, die Handelswege und Güterverschiebungen wären undenkbar gewesen, wenn ihr Aufbau allein von der Kraft und Geschwindigkeit des Menschen abhängig gewesen wäre.

Auf der einen Seite war das Pferd dem Menschen immer viel wert, es war und ist bis heute ein Statussymbol. Auf der anderen Seite wurden die Tiere aber auch gnadenlos geschunden und ausgebeutet. Heute leistet das Pferd immer noch einiges, doch hauptsächlich begeistert es viele Menschen in der Freizeit und im professionellen Reitsport.

Das Pferd ist ein Herdentier und lebt nach klar definierten Hierarchien in großen Gruppen zusammen. Bei Gefahr reagiert es zuerst einmal mit Flucht. Ein Beutegreifer, der in eine fliehende Pferdeherde gerät, kann leicht selbst Schaden nehmen. Ist die Flucht nicht möglich, weiß sich ein Pferd mit heftigen Bissen und harten, gefährlichen Huftritten zu wehren. Das stolze und edle Tier hat in der Not eine echte Kämpfernatur.

Was dir das Pferd sagt

Das Pferd symbolisiert die Lebenskraft. Das ist ein sehr weitgreifender Begriff. Lebenskraft beginnt nicht zuerst im Körper, sondern im Geist. Die Kraft des Geistes, des inneren Lichts ist eine grundlegende Voraussetzung, sich lebendig und kraftvoll zu fühlen. Ein heller Geist ist bereit für das Leben und für das Lernen und Wachsen. Oft wird Geist mit Intellekt gleichgesetzt, doch das ist nur eine Teilwahrheit. Ein heller Geist kann sich durchaus auch über eine große Herzenswärme und Empathie ausdrücken.

Unser Geist ist dann hell, erleuchtet, wenn wir uns mit unserer Quelle des Seins verbinden. Das heißt, wenn wir ganz zu uns stehen und frei von Manipulation und Projektion wir selbst sind. Das ist keine leichte Aufgabe, aber wir sollten es dennoch versuchen und unseren Willen darauf fokussieren.

Neben der geistigen Kraft ist auch die seelische Kraft ein Teil der Lebenskraft. Sie ermöglicht es uns zu fühlen, zu denken, sich auf etwas zu beziehen und Anteil zu nehmen. Die Kraft der Seele macht es möglich, ein sympathisches Wesen zu sein, das sich einfügen, das unvoreingenommen zusammenarbeiten kann, andere in ihrem Anderssein achtet und doch in sich stark und individuell bleibt. Um diese Kraft zu leben, müssen wir unser Herz öffnen und unsere Wahrnehmung dem Herzen zuordnen und nicht dem kritischen Verstand, aber auch nicht ausschließlich dem eigenen Ich.

Das Pferd muss sich in der Herde behaupten können. Es muss sich einfügen an seinem Platz. Unterordnen muss es sich aber nicht, und wenn es sich Macht in der Herde aneignen will, muss es sich gnadenlos beweisen. Niemandem steht Macht einfach so zu, ohne dass sie von einem System verliehen wurde.

Ein weiterer Teil der Lebenskraft ist der Wille. Ich muss mit meinem Bewusstsein leben wollen. Ich muss definieren, was mein Leben ist und was ich für dieses Leben als Beitrag an die Gemeinschaft zu entrichten bereit bin. Ich muss mir ein Bild von meinem eigenen Leben machen und mir damit einen Platz in der Gesellschaft erwirken. Dabei ist es wichtig, darauf zu achten, dass ich nur so viel Energie investiere, dass ich eben dieses eigene Leben auch leben kann. Es ist eine Balance zwischen dem, was ich der Gesellschaft gebe, und dem, was ich von der Herde oder eben der Gesellschaft bekomme. Nie sollte der Fokus darauf verloren gehen, was ich mit mir und meinem Leben will.

Sind die drei Bereiche der Lebenskraft ausgeglichen, sind auch alle Voraussetzungen für einen starken, gesunden Körper geschaffen.

Wie du dich mit der Kraft des Pferdes schützen kannst

Das Pferd hilft dir, dich gesund zu erhalten und deine Lebenskraft wirkungsvoll und nachhaltig zu stabilisieren. Nur wenige Erwachsene haben in der Kindheit bereits gelernt, die drei Ebenen der Lebenskraft auszugleichen. Doch war die Erziehung früher intuitiv darauf ausgelegt, in vielen Punkten darauf hinzuwirken. Man hat die Kinder auf das Leben vorbereitet, indem man sie eingebunden hat. Mithilfe im Haushalt, im Garten oder auf dem Bauernhof war selbstverständlich. Ein anständiger Umgang mit den Eltern, den Angehörigen und den Erwachsenen im Allgemeinen ebenso. Durch freies Spielen und das Sich-Behaupten in unbeaufsichtigten Kindergruppen haben Kinder gelernt, sich in der Gesellschaft zu bewegen und ihren Platz zu finden. Sie haben Freundschaften gepflegt und teilweise auch sehr innige Beziehungen zu einzelnen Personen aufgebaut. Die Eltern, häufig vor allem die Mütter, haben die Kinder betreut und geführt.

Doch ob es immer ein herzlicher Umgang war, ob der Wille des Kindes durch weise Begleitung gestärkt wurde, ob das heranwachsende Kind wirklich die eigene Vision des Lebens entwickeln konnte, ist sehr fraglich. Als Erwachsene haben wir die Möglichkeit, an unserer Lebenskraft zu arbeiten. Das Dreieck Geist-Seele-Wille können wir immer ausgleichen. Damit kann die Quelle der Lebenskraft zugänglicher gemacht werden und unser physisches Leben wird von dieser Kraft erfüllt.

Das Pferd unterstützt uns dabei. Es hilft uns, den Weg zur Quelle zu finden und Hindernisse zu überspringen oder aus dem Weg zu räumen. Es leiht uns seine Kraft und Schnelligkeit, um den Geist zu befreien. Es hilft uns, das Feld unserer Liebe zu pflügen, zu pflegen und den Erfolg daraus einzubringen, um unsere Existenz zu sichern. Es trägt uns sicher in der Herde zwischen all den vielen anderen Wesen und Geschichten, die mit uns auf der Straße des Lebens unterwegs sind. Es zeigt uns, wie wir unseren Platz einnehmen können und die Zusammengehörigkeit in der Herde nutzen. Selbst auf unseren inneren Schlachtfeldern kämpft es mit uns. Es hilft uns, unsere Angelegenheiten zu regeln und zu unserem ganz individuellen Herzenswillen zu stehen.

Wenn dir Lebenskraft fehlt, ist es eine schöne Möglichkeit,

dich mit deinem inneren Pferd zu verbinden und dich von ihm an die Quelle tragen zu lassen. Du kannst es in allen Situationen, die viel Kraft kosten, mit einspannen.

Meditation: Verbinde dich mit der Kraft der Pferde

Wähle einen ruhigen Ort, wo du ganz für dich sein kannst, und setze dich bequem hin.

Atme ruhig und tief, spüre den Boden unter dir und über dir das Licht der geistigen Sonne.

Dann schließe die Augen. Lass dich behutsam in dich hineinsinken. Tief in deine Stille, in deine Mitte.

Stelle dir vor, dass es tief in dir ein Tor gibt. Ein Tor, das deine äußere Welt und deine innere Welt miteinander verbindet. Stelle dir vor, dass du an das Tor trittst.

Ein Engel empfängt dich am Tor und bietet dir an, dass du alle Last hier abgeben kannst. Du ziehst alles aus, was du in der äußeren Welt zu tragen hast, und bekommst vom Engel eine leichte und stimmige Kleidung. Dann öffnet der Engel dir das Tor und bittet dich, hindurchzugehen.

Du kommst in eine wunderschöne, weite und kraftvolle natürliche Umgebung. Die Sonne scheint über dir, der Wind weht angenehm und leicht, streift fließend und sanft über die Landschaft. Dein Herz geht weit auf und du atmest die harmonisierende Kraft dieser Landschaft tief in dich ein und lässt dich Atemzug um Atemzug weiter und freier werden.

Das rhythmische Trommeln von Hufen auf dem Boden lenkt deine Aufmerksamkeit in die Ferne. Eine große Pferdeherde zieht über das Land. Dein Herz geht weit auf für diese edlen Tiere. Du fühlst dich sehr verbunden mit ihnen und mit ihrer Kraft.

Du siehst, wie sich ein wunderschönes Pferd aus der Her-

de löst und in rasantem Galopp auf dich zukommt. Es ist dein Pferd, das sich schnell nähert. Es wird langsamer und kommt dann ruhig ganz nah zu dir.

Du begrüßt das Pferd und berührst seinen Kopf. Deine Finger streichen sanft über das schöne Pferdegesicht. Du spürst, wie dein Herz und das Herz des Tieres fest verbunden sind. Liebe strömt in dieser Verbindung.

Das Pferd lädt dich ein, auf seinen Rücken zu steigen. Du stellst dich neben das Pferd, hältst dich an der Mähne fest und schwingst dich auf den starken Pferderücken. Du sitzt ganz sicher und spürst das Tier unter dir.

Dein Bewusstsein sinkt in dein Becken, welches du leicht wiegst, und mithilfe der Hüftgelenke und des unteren Bereichs der Wirbelsäule pendelst du dich so ein, dass du aufrecht und nur leicht angewinkelt auf dem Pferd sitzt. Dein Herz ist nun gerade über dem Herzen des Pferdes und durch deine Wirbelsäule sind die beiden Herzen zu einer pulsierenden Einheit verbunden.

Das Pferd setzt sich in Bewegung. Du nimmst die Kraft in den Muskeln des Pferdes wahr und lässt zu, dass die Bewegung des Tieres deine Hüfte, dein Becken und die untere Wirbelsäule mitbewegt. So bist du über die vier Beine des Pferdes fest mit dem Boden verbunden und kannst über dein Herz die Bewegung des Tieres mitfühlen.

Die Bewegungen des Pferdes werden schneller. Der Rhythmus der Bewegung überträgt sich auf deinen Körper und eine große Kraft und Freude durchströmt dein Herz. Das Pferd geht in einen leichten Trab über, wird immer schneller, und dann galoppierst du mit dem Pferd über die Landschaft. Pure Kraft, pure Freude und das Gefühl von Freiheit erfüllen dich. Das Herz ist weit offen und pulsiert mit dem Pferdeherz im Takt. Du spürst den Wind und fliegst förmlich übers Land.

Das Pferd trägt dich mitten in die Herde hinein. Selbstsicher, kraft- und freudvoll trabt es zwischen den anderen Tieren hindurch und motiviert diese dazu, sich auch schneller zu bewegen. Es ist ein wunderbares Gefühl, wie sich die Kraft von dir und deinem Pferd nun auf die Herde überträgt.

Die Herde beginnt, sich zusammenzuschließen und gemeinsam vorwärtszustreben. Du setzt dich mit deinem Pferd an die Spitze der Herde, wo sich die Leittiere versammeln, und bald galoppiert die ganze Herde.

Reine Stärke, Liebe und der Wille zum eigenen Sein durchströmen dich, während du in der Herde über das Land galoppierst. Alle Einschränkungen, die noch tief in dir verankert sind, lösen sich durch den mächtigen Rhythmus der Hufe auf und fallen ab. Alles, was sich dieser Herde entgegenstellt, wird überrannt und der Weg vor dir ist frei und offen.

Dann gelangt die Herde auf eine weitläufige Wiese mit frischem Gras und wird wieder langsam, bis sie schließlich ganz zum Stehen kommt.

Die Tiere beginnen zu fressen. Auch dein Pferd senkt nun seinen Kopf und frisst vom Gras. Du lässt dich vom Pferderücken gleiten und suchst dir in der Nähe deines Pferdes einen Platz zum Sitzen. Eine tiefe Ruhe breitet sich in dir aus. Friedlich weiden die Pferde weit verteilt auf der Wiese.

Der Puls der Kraft, die du von deinem Pferd bekommen hast, ist in deinem ganzen Sein zu spüren. Er erfüllt dich und dein ganzes Leben. Du merkst, dass du diesen Puls in dein Leben tragen musst, dass er die Mitte sein muss, um die Rhythmen, die Geschichten deines Lebens zu formen. Du bist die Mitte und die tragende Kraft für alles in deinem Leben.

Dann erkennst du, dass in einiger Entfernung zwischen den Pferden dein Tor erscheint. Zufrieden und dankbar stehst du auf und gehst langsam durch die grasende Herde auf das Tor zu. Dein Pferd geht dicht hinter dir. Es ist eine tiefe Liebe, die dich mit ihm verbindet, und du weißt, dass dieses Pferd dich immer begleitet.

Ruhig gehst du zum Tor und wendest dich noch einmal dem Pferd zu. Du streichelst seinen Nasenrücken. Es senkt den Kopf und du legst deine Stirn an die seine. Die in Liebe verbundenen Herzen sind so auf einer Linie. Die Gedanken im Kopf dürfen auf dieser Liebe aufbauen und sich in Dankbarkeit verbinden. So stehst du eine Weile still da und verabschiedest dich dann vom Pferd.

Du gehst durch das Tor zu dem Engel, der dir deine Sachen für die Welt zurückgibt. Sie sind frisch und leichter.

Dann kehre ganz zurück von innen ins Außen und wenn du bereit bist, öffnest du wieder deine Augen.

Rabe, Kolkrabe
(Corvus corax)

MAGIE

Eigenschaften und Lebensweise des Raben

Der Kolkrabe ist der größte unter den Krähenvögeln. Er wird sehr oft mit der kleineren Rabenkrähe, auch Aaskrähe, verwechselt. Der Kolkrabe erreicht eine Körperhöhe von 50 bis beinahe 70 Zentimetern und eine Flügelspannweite bis 1,20 Meter. Die Rabenkrähe ist dagegen zwischen 40 und 50 Zentimeter groß und die Flügelspannweite beträgt etwa einen Meter.

Für beide sind das tiefschwarze Federkleid mit dem metallischen, grün oder blau schillernden Glanz, der markante Schnabel und die schwarzen Beine und Krallen typisch. Der Ruf des Kolkraben ist jedoch unverwechselbar. Die Rabenkrähe kräht ihr bekanntes »Krah«, der Kolkrabe ruft »Kolk«. Du errätst sicher, dass der Ruf auch die Benennung beeinflusst hat.

Raben- und Krähenvögel sind weit verbreitet. Sie sind verspielt und haben eine gute Auffassungsgabe. Sie gelten als intelligent, da sie auch Werkzeuge nutzen. Der Kolkrabe wurde in Mitteleuropa praktisch ausgerottet. Er war den Menschen unheimlich und man sagte ihm nach, dass er Weidetiere töten würde. Tatsächlich ist er aber ein Aasfresser und wurde deshalb natürlich oft bei toten Tieren gesehen. Er pickt aber auch sehr schwache, sterbende Tiere an. So sind Haustiere wie junges Geflügel, Kaninchen oder frisch geborene Lämmchen, Ziegen und selbst Kälber, die vom Muttertier verlassen werden, auch gefährdet.

Geburt und Tod ziehen die Raben an. So galt der Kolkrabe auch als Unheilsbote. Wenn man aus der Ferne eine Gruppe Kolkraben beobachten kann, die an einer Stelle immer wieder auffliegen und landen, die aufgeregt rufend über dem Platz kreisen, ist anzunehmen, dass sie dort ein verendetes Tier gefunden haben oder eine schwere Geburt im Gang ist.

Es verwundert deshalb nicht, dass der Rabe mit Magie und mit den Übergängen vom Leben zum Tod in Verbindung gebracht wird. Oft wurden Hexen und Zauberer mit einem Raben auf der Schulter dargestellt.

In der Literatur spielt der schwarze Vogel ebenfalls häufig eine mystisch-magische Rolle. In der germanischen Mythologie hat Odin, der Gott der Weisheit, des Kampfes und des Todes, zwei Raben – Hugin und Munin. Hugin steht für »Gedächtnis«, Munin für »Erinnerung«. Jeden Morgen schickt Odin die beiden Raben aus, um die Welt zu umfliegen und zu erkunden, was geschieht. Zum Frühstück kehren die beiden zurück, setzen sich auf Odins Schultern und erzählen ihm flüsternd, was sie gesehen und erkannt haben.

Was dir der Rabe sagt

Die Medizin des Raben, vor allem des Kolkraben, ist die Magie. Magie im Sinne von Wirksamkeit aus der Kraft des Geistes, der Bündelung von Willenskraft auf ein Ziel.

Magie ist nicht mit der Show eines Illusionisten zu verwechseln. Magie kann Veränderung durch Willen herbeiführen, folgt dabei aber den natürlichen Gesetzen. Für den Beobachter sieht das vielleicht aus wie ein Wunder, wie Zauber. Aber vieles in der Natur, das eine bekannte, natürliche Erklärung hat, ist auch für den Wissenden zauberhaft und wundervoll. Die ganze Schöpfung ist ein magischer Akt. Das Wunder, das in allem Leben offenbart wird, ist begründet im Willen des Schöpfers.

Der Rabe wacht mit der ganzen Krähen- und Rabenfamilie über die Gesetze der Natur. So ist er auch eine Art Polizei an der Schwelle des Lebens. Als Ordnungshüter, dort, wo sich die Wunder des Lebens zeigen oder wo sie verblassen, ist er zugegen und trägt dazu bei, die Spuren des Übergangs zu entfernen. Er hat damit eine wichtige Funktion inne und natürlich ist er auch ein Zeichen dafür, dass etwas geschehen ist. Die Polizei auf der Autobahn ist oft ein Zeichen für einen Unfall, doch sie ist nicht der Verursacher des Unfalls.

Der Rabe fordert dich auf, dich an die natürlichen Gesetze zu halten und sie zu befolgen. Er prüft mit dir, ob das, was du gerne bewirken möchtest, lebenstauglich ist, wachsen und gedeihen kann und auf die Welt oder in deine Geschichte gehört. Er prüft aber auch, ob das, was du loslassen willst, wirklich vorbei ist, ob es losgelassen werden kann und ob es auch in deiner Macht steht, es zu erlösen.

Wie du dich mit der Kraft des Raben schützen kannst

Der Rabe kann dir helfen, weise zu entscheiden. Wenn du in Geschichten anderer verstrickt bist, zeigt er dir, welcher Anteil wirklich zu dir gehört. Er hilft dir, die lähmende Wirkung einer Fremdenergie von dir zu lösen, indem er sie an ihren Ursprung zurückschickt. Er kann aber auch nach Themen suchen, die zu dir gehören und die sich andere zu eigen gemacht haben.

Bitte den Raben, das Tor für dich zu öffnen, dir zuzuflüstern, was zu dir gehört und was du gehen lassen musst. Er kann dir nicht nur helfen, zu deinem wahren Recht zu finden, sondern, wenn du ganz du selbst bist, auch zur schöpferischen Wirksamkeit. Mit dieser wird es dir gelingen, die Umstände in deinem Leben zu erschaffen, die dir entsprechen.

Als Kind aus der göttlichen Quelle bist du seit jeher ermächtigt, die Kraft deines Geistes in magische Energie zu bündeln. Noch wirst du nur ganz kleine Wunder bewirken können. Doch im Laufe der Entwicklung wirst du dein Leben nach den großen Regeln selbst gestalten und frei sein von Manipulation und niederen Emotionen.

Die Raben werden dir vom Befinden deiner Welt berichten und du wirst es verstehen, zwischen Gedächtnis und Erinnerung die richtige Entscheidung zu fällen.

Magischer Kreis – eine kleine Zauberübung

Um dieses Ritual durchzuführen, brauchst du etwa eine gute Stunde ungestörter Zeit. Du kannst dich draußen oder drinnen aufhalten, solltest aber keinesfalls gestört werden. Weiter solltest du folgende Gegenstände bereitlegen: ein großes Tuch (zum Beispiel ein Leintuch), eine Kerze, einen Stein oder Kristall, ein Glas mit frischem Wasser und eine Feder.

1. Nimm den Raben in dein Herz.
2. Lege das Tuch auf den Boden und male darauf einen Kreis von eineinhalb Metern Durchmesser.
3. Nun stelle im Osten die brennende Kerze auf den Kreis. Osten ist dort, wo die Sonne aufgeht. Im Westen legst du den Stein oder Kristall auf den Kreis. Im Süden stellst du das Glas mit frischem Wasser auf. Die Feder lege auf den nördlichsten Punkt des Kreises. Diese Symbole stehen für die vier Elemente.
4. Stelle dich nun in die Mitte des Kreises und richte dich nach Osten aus. Stehe ganz gerade und aufrecht im Kreis und lass die Kräfte der Elemente in dich einströmen. Sie strömen in deinen Körper und verbinden sich in deinem Herzen zu einem leuchtenden, sonnengleichen Energieball. Diese Energie lässt du so groß werden, dass der ganze Kreis damit erfüllt ist. Du bist in der Mitte

dieses Kreises und stehst in deiner ganzen Kraft und Würde da, erhobenen Hauptes mit Seele, Geist und Körper im Einklang.

5. Öffne dein Herz und spüre seine Kraft. Mit dieser Kraft gebietest du: »Ich bin strahlende Gesundheit.« Lass dein Licht zu einer Welle deines Willens werden und lass es sich in dein ganzes Sein ausdehnen. Du musst es wollen, du musst es klar nennen und du musst es lenken.
6. Halte diesen Willen so lange in deinem Herzen, bis du davon durchwirkt bist. Dann lass alles langsam zur Ruhe kommen, lass es geschehen, lass es los und atme tief.
7. Bleibe so lange im Kreis, bis du gelöst ausatmen kannst und spürst, dass es getan ist.
8. Gehe dann aus dem Kreis, aber lass diesen noch etwa eine Viertelstunde liegen. Erst nach dieser Zeit räume alles auf und trinke das Wasser aus dem Glas.

Auf diese Weise kannst du noch andere Zauber wirken. Doch immer nur für dich und unbedingt nur mit der richtigen, rein positiven Formulierung.

Zum Beispiel:
Ich bin das Licht der Liebe.
Ich bin eins mit meiner Göttlichkeit.
Ich bin ewiges Sein.
Ich bin aufrechte Freude.

Reh

(Capreolus capreolus)

SANFTMUT

Eigenschaften und Lebensweise des Rehs

Das Reh ist in Europa weit verbreitet. Es bewohnt gerne Hecken und Wälder mit Jungwuchs, die viel Deckung und Nahrung bieten. Das Reh bleibt seinem Revier treu. Es kennt sein Daheim sehr gut, kennt seine Mitbewohner und kann auch regelmäßige Waldbesucherinnen und -besucher gut auf mögliche Gefahren hin einschätzen.

Das Reh ist mutig. Seine Strategie ist es aber, jeglichem Ärger aus dem Weg zu gehen. Es lässt sich aus seinem Revier nicht gerne vertreiben. In seinem Lebensraum kennt es die Verstecke. Oft bleibt es dort lange bewegungslos und lässt die Gefahr vorbeigehen. Wird es jedoch bemerkt und zum Beispiel von einem Hund aufgescheucht, flüchtet es in großen, hohen Sprüngen und ändert, sobald es kann, die Fluchtrichtung, um seinen Verfolger geschickt abzuschütteln. Es kehrt über eine große Schlaufe wieder zurück zum Platz der Entdeckung. Der Hund hat seine Verfolgung dann sicher auch schon aufgegeben und sich wieder zu seinem Besitzer gesellt.

Meistens sind Rehe alleine unterwegs. Wenn die Rehgeiß ein Kitz bekommt, setzt sie dieses ins hohe Gras und besucht es nur einige Male am Tag, um es zu säugen. Es ist so sehr viel sicherer, als wenn es auf seinen staksigen Beinchen der Mutter nacheilen müsste. Da das Rehkitz während der ersten Lebenswochen praktisch geruchlos ist, kann es von Fressfeinden nicht leicht im hohen Gras gefunden werden. Wenn es älter ist, folgt es seiner Mutter im Revier und lernt von ihr.

Der Rehbock, der sich jährlich für die Paarungszeit ein Geweih wachsen lässt, welches er danach wieder abstößt, zieht alleine durch sein Revier, das er mit Geruchsmarkierungen absteckt. Mit seinem typischen Bellen vertreibt er jüngere Männchen aus seinem Gebiet. Einzig in strengen Wintern, in Gebieten mit wenig Einständen, schließen sich die Rehe zu Gruppen zusammen.

Was dir das Reh sagt

Das Reh hilft dir, einen sanften Weg zu gehen, und zeigt dir auf, wie du dich in deinem Leben auf diese Weise behaupten kannst. Es bedarf einer guten Beobachtungsgabe und etwas mehr Mutes, einen sanftmütigen Weg zu gehen. Es ist auf keinen Fall eine unterwürfige Haltung oder gar eine Opferrolle, die einen sanftmütigen Menschen ausmacht. Der Sanfte strahlt Stärke aus, lässt Situationen auf sich zukommen, bis er sie klar einschätzen kann. Er weicht Kampf, Streit oder Machtspielen geschickt aus, bleibt aber seinem Wesen und seiner Wahrheit treu.

Wenn es gar nicht anders geht, kann jedes Reh auch kämpfen. Auch die Rehgeiß, die kein Geweih trägt, kann mit ihren scharfen Hufen einem Feind heftig zusetzen. Der Rehbock ist in der Zeit, in der er seine Waffen trägt, bei Bedarf ein guter Streiter. Der Grund für einen sanften Lebensweg ist die Liebe zur Friedfertigkeit und nicht mangelnde Stärke oder fehlender Kampfesmut. Im Gegenteil: Werde dir deiner Kraft und Wehrhaftigkeit bewusst. Zu wissen, dass du dich wehren könntest, hilft dir, einem unnötigen Streit bewusst auszuweichen.

Wie du dich mit der Kraft des Rehs schützen kannst

Die Rehkraft führt dich zuerst einmal zu deinem Herzen. An den Ort in dir, an dem du gerne eine meditative Zufriedenheit lebst, wo du es liebst, für dich zu sein und einen Raum durch Beobachten, Hineinspüren und Dasein zu erfahren. Zu sich zu finden und sich still und sanft im eigenen Umfeld zu platzieren kann eine sehr wichtige Voraussetzung sein, um sich zu schützen.

Das Reh rät dir, dich um deine äußeren und inneren Rückzugsorte zu kümmern. Richte sie dir so ein, dass es dir wohl ist. Deine Wohnung muss dir entsprechen und gemütlich und angenehm sein. Mit den Menschen um dich herum versuche, ein achtsames, respektvolles Verhältnis zu leben, und lass nur diejenigen ganz an dich heran, die liebevolle Umgangsformen pflegen. Provoziere nicht, denn es kann leicht sein, dass du dir damit eine Geschichte anziehst, die dich viel Kraft und Ruhe kostet. Wirst du provoziert, weiche aus, umgehe diese Situationen oder Personen und vermeide es, in eine offene Auseinandersetzung zu geraten.

Es gibt Menschen, die fühlen sich von Sanftmütigen gereizt. Das ist aber deren Problem. Mache es wie das Reh. Lass diese Menschen an dir vorbeigehen. Wenn das nicht klappt, gib ihnen recht, spiele Einverständnis vor und kehre wieder ganz zu deiner inneren Sicherheit zurück, wo du mit dir deinen Frieden hast.

Das Reh kann dich aber auch vor dir selbst schützen. Hast du dich in kriegerischen Emotionen verloren, gehen dir die Welt und die Leute auf die Nerven, hast du nicht enden wollenden Stress oder bist du von schwierigen Charakteren umgeben, dann führt dich das sanfte Reh in eine Auszeit. Es rät dir, dich zu besinnen, was du in deinem Leben wirklich gerne möchtest. Vieles, was du tust, scheint dir mehr Ärger zu bescheren als Freude. Stelle dich der schmerzlichen Tatsache, dass du durch deinen großen Stress, deinen Frust und vielleicht auch deine Not zum unangenehmen Zeitgenossen in deinem Leben geworden bist. Überdenke dein Verhalten gegenüber den Menschen, die du gernhast. Regle Situationen, die dich überfordern, durch Nachgeben und Ausweichen, sodass du deine Ruhe wiederfindest. Kümmere dich um dich und gib dir genügend Raum, der mit Friedlichem und Wohligem gefüllt ist.

Du darfst dir schon ein Geweih wachsen lassen und bellend und stampfend den großen Mann oder die wilde Frau markieren. Doch dann zieh weiter zu den wohligen Orten in deinem Leben und achte darauf, das Wesen in dir zu leben, das du wirklich gerne bist.

Entspanne mit Mandalas

Das Mandala-Malen entspannt ganz tief und verbindet uns mit dem inneren Frieden. Es ist eine sehr wirksame Methode, um zur Ruhe zu kommen, das Gedankenkarussell zu stoppen und Stress abzubauen. Auch Menschen, die sonst nicht gerne zeichnen, finden in den klaren Strukturen der Mandalas einen eigenen Zugang zum Zeichnen.

Vielleicht kannst du dir selbst mit Zirkel, Bleistift und Lineal eine Vorlage konstruieren. Wenn nicht, findest du jede Menge Vorlagen im Internet oder in speziellen Mandala-Büchern.

Wähle ein stärkeres Zeichenpapier mit einer glatten Oberfläche. So lässt es sich genauer zeichnen. Vielleicht hast du bereits hochwertige Farbstifte. Ansonsten lohnt sich deren Anschaffung. Es ist schön, Stifte zu haben, die nur für die Mandalas gebraucht werden.

Nimm dir Zeit zum Malen.

Beginne in der Mitte und sei ganz bei dir, mit deiner Seele verbunden, während du das Bild entstehen lässt.

Wohlige Waldstunden

Ein Aufenthalt im Wald eignet sich wunderbar, um dich mit der Kraft des Rehs zu verbinden. Es geht nicht darum, lange Strecken zu wandern, sondern darum, einfach nur in dieser schönen Umgebung zu sein.

Mache dir auf dem Weg in den Wald Gedanken, wie du später in deine Welt zurückkehren willst. Wie du als sanftmütiger Mensch deinen Aufgaben begegnen und welche Situationen du entschieden umgehen willst. Lass diese Gedanken dann los.

Suche dir einen wirklich guten Platz im Wald, der dir gefällt, wo du alleine bist und du deine Decke auf dem Boden ausbreiten, dich hinlegen und genießen kannst.

Egal ob zu schläfst, liest, beobachtest oder gar zufrieden gämst, verbringe einige wohlige Stunden im Wald. Vielleicht begegnet dir sogar ein Reh.

Schlange
(Serpentes)

WANDEL, LOSLASSEN

Eigenschaften und Lebensweise der Schlange

Schlangen sind Reptilien. Ihre Körper sind lang und beinlos. Schlängelnd bewegen sie sich vorwärts. Ausklappbare Hornschuppen geben ihnen dabei Halt. Sie können gut schwimmen und sogar klettern. Um jedoch aktiv sein zu können, muss eine höhere Temperatur herrschen. Die meisten europäischen Schlangen sind keine Giftschlangen. Die Giftschlangen sind im Maul mit zwei langen, hohlen Zähnen ausgestattet. Durch diese Zähne wird das Gift, welches in eigenen Drüsen im Oberkiefer produziert wird, wie mit Injektionsnadeln in die Beute gespritzt. Das Schlangengift lähmt das Beutetier, damit es von der Schlange einfacher geschluckt werden kann. Wenn eine Giftschlange von einem Menschen überrascht wird und nicht fliehen kann, beißt sie zu. Ein Schlangenbiss sollte umgehend vom Arzt behandelt werden.

Was dir die Schlange sagt

Hast du den Ausdruck schon gehört, dass etwas zum Aus-der-Haut-Fahren ist? Wenn das aktuell dein Gefühl ist, dann ist es ratsam, dich um die Botschaft der Schlange zu kümmern. Die Schlange spricht von Wandel. Sie erinnert uns daran, dass alles, was im Leben ist, vergänglich ist. Auch wir und unser Bewusstsein.

Wir ändern uns, weil wir lernen und wachsen, weil wir erfahren und entdecken, weil wir spielen und üben. Aber auch einfach, weil wir älter werden. Themen, die uns einmal begeistert haben, können ihren Reiz verlieren, weil sie vielleicht ausgereizt sind oder weil die Herausforderung zu gering oder zu hoch wird. Dafür wenden wir uns Neuem zu, das uns beschäftigt und in Anspruch nimmt, wir schlängeln uns durch das neue Thema, an dem wir uns manchmal gar die Zähne ausbeißen, wenn wir es vertiefen, und überwinden schließlich auch viele Hindernisse. Wir wachsen an unseren Themen, bis wir wieder satt sind.

Irgendwann kommt ein Gefühl, das uns das Thema oder bestimmte Bereiche davon verleidet. Wir wissen, dass wir loslassen müssten. Oft halten wir aber trotzdem so lange fest, bis es zum Aus-der-Haut-Fahren wird.

So geht es der Schlange rein körperlich auch. Bei ihr wird der Prozess des Wachsens ganz klar dann unterbrochen, wenn sie sich häuten muss. Sie löst sich aus der alten, engen Haut und gebiert sich neu. Ein bisschen erinnert das an das Sterben, es ist aber auch ein wichtiger Prozess des Loslassens

Wie du dich mit der Kraft der Schlange schützen kannst

Der Schutz der Schlange besteht aus dem Sichwinden und Drohen. Auch wenn viele Arten nicht mit Giftzähnen aufwarten können, wissen sie die Angst und den Respekt der Tiere und Menschen zu nutzen.

Schlangen sind Respekt einflößend, vor allem, weil einige von ihnen sehr giftig sind. Doch nicht diese Eigenschaft kann uns als Kraft dienen. Es ist die Nähe zum Tod, die die Schlange symbolisiert. Nicht den letzten Tod, wenn wir das Leben verlassen, sondern die vielen Momente, in denen wir loslassen müssen, was einmal viel Lebendigkeit und Perspektive geboten hat.

Loslassen ist eine Art des Sterbens. Bist du in deinem Leben von Themen, Beziehungen, Pflichten umgeben, die dich beengen, hindern oder gar dein Leben vergiften, dann hilft dir die Schlange loszulassen, nicht zu verlagern und in Reserve zu halten, sondern dich wahrhaftig zu trennen.

Betrachte deine Geschichten genau und achte darauf, wo du ein enges Gefühl spürst. Entdeckst du ein Thema, das dich mehr belastet als erfreut, versuche zu erkennen, was genau dich belastet und ob es möglich wäre, nur einen Bereich zu verlassen. Es hilft vielleicht auch schon, eine neue Sichtweise einzunehmen, dein Engagement zu ändern oder die Erwartung an dich oder andere loszulassen.

Auch in Beziehungen kannst du so vorgehen. Eine Beziehung, die einengt, muss nicht in jedem Fall losgelassen werden, sondern die Regeln der Beziehung müssen überdacht und neu verhandelt werden. Erst wenn keine freiere Form denkbar ist, kommt die Giftschlange ins Spiel. Dann ist es nämlich nötig, der Beziehung den Todesbiss zu geben. In diesem Fall nimm all deine guten Gefühle, deine schönen Visionen und deine herzlichen Wünsche zu dir zurück und beende die Beziehung. Häute dich, befreie dich aus der alten Geschichte und bereite dich vor, ein neues Gegenüber zu finden für alles, was dir lebenswert erscheint.

Loslassen

Gehe durch deine Wohnung und halte Ausschau nach Gegenständen, die in deinem Leben keine Bedeutung mehr haben. Vielleicht kommen dir bei diesem bewussten Rundgang durch dein Heim auch Menschen in den Sinn, die keine Rolle in deinem Leben mehr spielen. Schreibe ihre Namen auf einen Zettel, füge sie deiner Sammlung hinzu. Wenn du sehr viel zu entsorgen hast, wiederhole diese Übung regelmäßig.

Sortiere nun all die Dinge, die du gesammelt hast. Einiges geht in den Müll. Anderes, wie beispielsweise Kleidung, kannst du in eine Sammlung bringen. Wieder anderes kannst du auch verkaufen oder verschenken. Dann gibt es einiges, zum Beispiel die Zettel mit den Namen, was du verbrennen kannst.

Beginne jetzt mit dem bewussten Loslassen. Nimm gedanklich die Bedeutung aus den Dingen und Beziehungen, nimm in Dankbarkeit deine Energie zurück, die noch darin sein könnte, und bitte darum, dass sich die Verbindung löst zum Wohle aller Beteiligten.

Nun trenne dich auf diese Weise von allem, was du gesammelt hast.

Spececht

(Picidae)

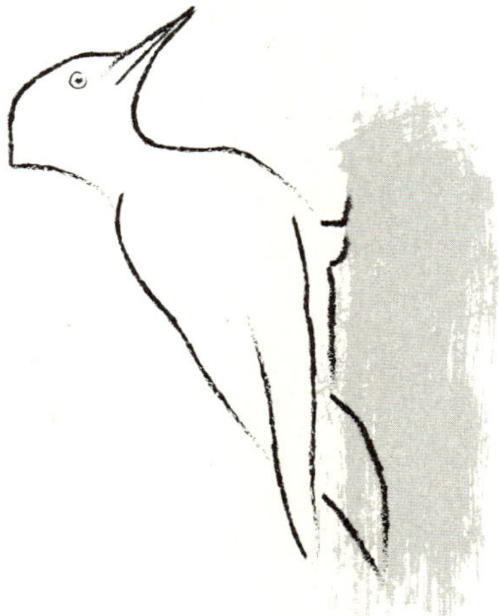

GEBORGENHEIT

Eigenschaften und Lebensweise des Spechts

Die Spechte sind beinahe auf der ganzen Welt beheimatet. Allerdings leben die Vertreter dieser artenreichen Familie nur dort, wo es auch Bäume gibt. Mit ihrem langen, harten und spitzen Schnabel meißeln sie ihre Bruthöhlen in die Baumstämme. Mit zehn bis zu zwanzig Schlägen pro Sekunde hämmert der Specht seinen meißelförmigen Schnabel in das Holz. Damit diese Arbeit keinen Schaden am Gehirn verursacht, ist dieses durch eine starke Muskulatur und eine Art Stoßdämpfer zwischen dem Schnabel und dem Kopf geschützt. Die Spechthöhle wird tief in das Herz des Baumes gemeißelt. Ein gerader, kurzer Einstiegsgang mündet in eine geräumige, tiefer liegende Höhle, worin selbst vier bis fünf fast erwachsene Jungspechte Platz finden.

Spechte klopfen und hämmern sehr häufig. Als Brautwerbung wird auf Dächer getrommelt, um zu signalisieren, was man als Baumeister draufhat. Schließlich soll der Familie viel Sicherheit und Geborgenheit geboten werden.

Es gibt Spechtarten, wie den bei uns häufigen Grünspecht, die sich hauptsächlich auf Ameisen und deren Eier spezialisiert haben. Um an die begehrte Nahrung zu kommen, gräbt der Specht sich tief in den Ameisenhaufen hinein und vertilgt eine ganze Menge von Eiern und Ameisen.

Spechte hüpfen am Boden und klettern an Stämmen auf und ab. Fliegend überwinden sie nur eher kurze Strecken. Dabei ist ihr Flugbild wellenförmig.

In der Nähe der Wälder kurz vor einem Regen hört man das typische laute »Lachen« des Spechts. Natürlich lacht er nicht wirklich. Dieser an menschliches Lachen erinnernde Ruf des Spechts hat mit der Reviermarkierung zu tun. Offenbar bedeuten Wetterveränderungen mehr Stress für den Specht. Im Winter kann man den Vogel auch als Gast am

Vogelhaus bewundern, da der Specht dann nach fettreicher Nahrung sucht, die in den Sonnenblumenkernen und Nüssen des Vogelfutters enthalten ist. Diese versorgen ihn mit Energie, die er in der Kälte benötigt.

Was dir der Specht sagt

Der Specht erinnert dich daran, dass du dir auf vielen Ebenen Orte der Geborgenheit einrichten sollst. Du brauchst ein physisches Nest. Einen Ort, an den du dich zurückziehen, du selbst sein und zur Ruhe kommen kannst. Das ist dein Zuhause.

Wenn du zusammen mit anderen Menschen in einer Wohnung lebst, ist es ratsam, dir deine ganz persönliche Nische der Geborgenheit auszuhandeln und diese nur für dich zu gestalten. Eigentlich brauchen nicht nur Kinder irgendwann ihr eigenes Zimmer, sondern auch jeder Elternteil sollte sich einen persönlichen, geschützten und akzeptierten Rückzugsort einrichten.

Aber nicht nur im Außen, sondern auch im Inneren braucht es Geborgenheit. Jedes Wesen zieht sich gerne in sich zurück, um sich über Dinge klar zu werden, sich zu sammeln und zu orientieren. Um in der Umwelt klarzukommen, musst du dich an dir selbst ausrichten können. Ist das Leben um dich herum zu dicht, zu nahe und zu eindringlich, verlierst du dich auch im Außen.

Hau auf den Tisch, wenn Menschen, auch deine Liebsten mit grundsätzlich guten Absichten, zu nahe treten, sich einmischen und dich mit nett gemeinten Aktionen bedrängen. Niemand darf dich eindringlich nach deinem Befinden fragen oder dir deine inneren Entscheidungen vorwegnehmen.

Und auch als spiritueller Mensch, als Suchende oder

Suchender brauchst du deine unantastbare innere Freiheit und den ganz persönlichen Raum, um aus allem, was du hörst und erlebst, die eigene Wahrheit erwachsen zu lassen.

Wie du dich mit der Kraft des Spechts schützen kannst

Verbinde dich mit dem Specht und nutze sein Angebot, dir eine eigene, innerste Kammer zu bauen, eine Höhle im Stamm deines Lebensbaumes, die gut geschützt in beachtlicher Höhe über dem Boden scheinbarer Tatsachen nur für dein Sein zugänglich ist. Schlüpfe in diese Höhle und brüte in aller Ruhe und in sicherer Geborgenheit deine Entscheidungen aus. Lass deine Erkenntnisse zu deiner Wahrheit werden und finde die Ruhe, die dich das Leben verdauen lässt und in der die Fragen, die zum nächsten Schritt gehören, deutlich wahrnehmbar werden dürfen.

Sicher und geschützt sind wir immer nur durch uns selbst. Doch in der heutigen Zeit ist es schwer, zu wissen, wer wir selbst wahrhaftig sind. Viele Konditionierungen lenken unser Selbstbewusstsein seit früher Kindheit in die Bahnen, die den gesellschaftlichen Machtsystemen dienen. Es ist nicht der Kopf, der fähig wäre, diesen Manipulationen auf den Grund zu gehen. Denn der Kopf, unser Verstand, ist ja auch zum großen Teil ein Produkt der Manipulation. Es ist das Herz, die innerste Stimme des Gewissens und Wissens, das uns dabei lenken könnte.

Eine Wertung braucht es zur Entscheidung für unsere Wahrheit nicht. Das Herz weiß nicht besser, was gut für uns ist, es weiß nur sicherer, was wirklich zu uns gehört. Die Themen, die wir zu bewältigen haben, können angenehm oder mühsam sein, doch das Herz schlägt einen Weg nur dann ein, wenn er zum Lebensplan gehört und wir daran wachsen können.

Die Höhle im Stamm des Lebensbaumes kann der Ort sein, an dem du deine Entscheidungen für deine nächsten Schritte aus dem Gefühl heraus klar treffen kannst. Erst dann ist der Verstand gefragt, einen Weg zu suchen, wie sich das mit deiner Lebenssituation vereinbaren lässt.

Der Specht wird dir die Antworten aus das Wie, Wann und Wo wie Würmer aus der Nase ziehen, er stochert in den alten Geschichten und unter deiner Schutzrinde. Er ist der Baumeister auf deinem Entscheidungsweg, hält deine Herzkraft trommelnd im Takt und lacht den Regen, die Tränen aus, wenn sie dir Angst machen möchten.

Dein Lebensbaum der Geborgenheit

1. Nimm ein wirklich großes Blatt Papier zur Hand und zeichne darauf einen großen Baum, einen dicken Stamm, eine mächtige Krone, und vergiss die starken, tiefen Wurzeln nicht.
2. Nun suche im Internet nach einem Bild des Innenraums eines kleinen Häuschens, das du als so richtig kuschelig und lieblich empfindest. Drucke und schneide das Bild aus und klebe es ins Herz des Stammes. Das ist nun die Höhle der Geborgenheit für dich.
3. Du kannst nun auf dem ganzen Baum noch weitere Bilder aufkleben, die zeigen, wie du deinen Lebensbaum einrichten möchtest. Welche Räume möchtest du im Wurzelwerk einrichten, welche Zimmer und Räume sind neben der Höhle der Geborgenheit noch im Stamm? Wie bewohnst du die Krone des Baumes und was ist an seinem höchsten Punkt? Wer lebt mit dir auf diesem Baum und wo? Du kannst auch zeichnen, so entsteht eine bun-

te Collage aus Bildern und deinen eigenen Zeichnungen.

4. Suche nun ein Foto von dir als Kind und kopiere dieses. Du kannst auch mehrere Bilder für deinen Lebensbaum auswählen. Schneide die Kopien so zurecht, dass nur du auf ihnen zu sehen bist, und klebe sie in deinen Lebensbaum.
5. Jetzt schau dir das fertige Bild genau an und frage dich, wie viel von dieser Geborgenheit, die du im Bild umgesetzt hast, tatsächlich in deinem Leben existiert. Überlege, wie du das, was noch fehlt, integrieren kannst und was du brauchst, um dich auch wirklich sicher und geborgen zu fühlen. Versuche möglichst Lösungen zu finden, die du dir selbst erarbeiten kannst. Dein Gefühl von Geborgenheit sollte unabhängig von anderen Personen realisierbar sein.

Vielfraß

(Gulo gulo)

ENTSCHLOSSENHEIT, MUT

Eigenschaften und Lebensweise des Vielfraßes

Dieser bärige Kerl aus der Familie der Marder hat sein Leben der Welt angepasst, in der er beheimatet ist. Im nördlichsten Europa, Russland und Amerika ist der Vielfraß vertreten. Er bevorzugt ein heimliches Leben als Einzelgänger. Doch er ist mutig, schlau und, wenn nötig, kämpferisch – ein wahrer Muskelprotz, mit viel Selbstsicherheit ausgestattet. Obwohl er nur knapp einen halben Meter hoch und einen Meter lang ist, sind Rentiere oder Elchkälber seine bevorzugten Beutetiere. Beherzt, aber nicht ohne unnötige Risiken zu vermeiden, verteidigt er seine Beute auch vor größeren Jägern.

Nach der Begattung beginnt bei den Vielfraßweibchen zunächst eine Eiruhe. Das heißt, die befruchtete Eizelle nistet sich ein, entwickelt sich aber nicht sofort zum Embryo weiter. Erst muss das Weibchen sicherstellen, dass in der ersten Zeit nach der Geburt für ausreichend Nahrung und Schutz der Jungen gesorgt ist, indem sie Vorräte sammelt und versteckt. Es wäre wegen der Kälte und auch wegen der Raubtiere in ihrem Revier ein zu großes Risiko, nach der Geburt auf lange Jagdstreifzüge gehen zu müssen. So muss die Mutter die Kleinen nur kurz verlassen, um zu fressen und dem Nachwuchs die ersten Happen fester Nahrung zu besorgen. Gelingt es dem Vielfraßweibchen nicht, gute Bedingungen für ihre Jungen zu schaffen, sterben die Zellen ab und werden ausgeschieden.

Was dir der Vielfraß sagt

Die Botschaft des Vielfraßes ist Entschlossenheit und Mut. Er lehrt uns, uns an die Gegebenheiten unseres Lebens anzupassen und diese zu beherrschen. Der Vielfraß weicht Unannehmlichkeiten nicht per se aus, sondern er nimmt sie mutig an, nie aber übermütig. Er behauptet sich darin nach seinen Vorstellungen.

Unterwürfigkeit gehört nicht zu seinen Themen, List und Schlauheit jedoch schon. Er ist während seiner Evolutionsgeschichte weder vom strengen, langen Winter in seiner Heimat geflohen noch vor den mächtigen Rivalen wie Wolf und Bär. Im Gegenteil, trotz seiner geringen Größe weiß er, sich Respekt zu verschaffen, und hat sich mit seinen Widersachern auf die gleiche Ebene gestellt.

Er lebt ein heimliches Leben in den weiten, nördlichen Wäldern. Wie ein Schattengeschöpf huscht er zielsicher auf seinen sehr langen Streifzügen durch sein Revier. Sei es ein unvorsichtiges Wildtier oder die verlassene Beute eines Bären oder Wolfs, sei es ein gefrorener Kadaver eines Elchs oder ein fetter Lachs, der Vielfraß macht sich über alles her und schafft es, selbst dicke gefrorene Knochen durchzubeiß

Unerschöpflich und wild drückt der Vielfraß der Welt, in der er lebt, seinen Stempel auf.

Wie du dich mit der Kraft des Vielfraßes schützen kannst

Wir können vom Vielfraß viel zu unserem Schutz lernen. Sein Mut macht ihn unberechenbar und zu einem ernst zu nehmenden Mitstreiter. Selbst Wolf und Bär wagen es nicht leichtfertig, sich mit dem Vielfraß einzulassen.

Sein Mut ist für den wilden Kerl ein guter Schutz. Seine Entschlossenheit, schnell zu handeln, ist seine Strategie. Er ist nicht wählerisch und kann sich mit sehr vielen Situationen schnell arrangieren und seinen Vorteil daraus ziehen. Das macht den Bergkater, wie er auch genannt wird, zu einem sehr anpassungsfähigen Tier.

Wir sind viel mehr geschützt, wenn wir uns an die gegebenen Lebenssituationen grundsätzlich anpassen. So gelingt es uns, entschlossen auf das zuzugehen, was wir benötigen, unsere eigene Wahrheit denen zuzumuten, die uns beherrschen wollen, und, wo nötig, die kriegerische Bereitschaft zu signalisieren, das zu erstreiten, was unser Recht ist. Denn wer stark und entschlossen wirkt, der wird nicht leichtfertig angegriffen.

Dieses Verhalten kann uns in unserem Leben viel Sicherheit schenken, was nicht bedeutet, dass wir wahllos mit jedem streiten sollen, der nicht unserer Meinung ist. Der Vielfraß hat das weder nötig, noch geht er das Risiko eines ernsten Streites fahrlässig ein. Er schätzt die Gefahr sehr gut ein, sieht seine Chance und handelt mutig und entschlossen. Er lässt die anderen so sein, wie sie wollen. Er besteht nur darauf, dass die anderen seine Entscheidungen respektieren, und wenn es hart auf hart kommt, geht er aufs Ganze. Daher droht er auch nicht lange.

Das ist auch eine wichtige Lektion, die der Vielfraß uns erteilt. Geht es um etwas wirklich Wichtiges, das du von ganzem Herzen schützen möchtest, wehre dich ohne große Ankündigung und ohne Drohgebärden. Dein Nein, dein Stopp, muss von einer messerscharfen Klarheit unterstützt sein. Nein ist Nein und jeder weitere Schritt über dieses Nein hinweg hat einen Angriff von dir zur Folge. Natürlich musst du niemandem an die Gurgel gehen. Doch es muss eine klare Handlung folgen, wenn dir nicht der nötige Respekt entgegengebracht wird. Sei es der Rausschmiss aus deiner Wohnung, sei es der Griff zum Telefon mit der Bitte um Unterstützung, seien es ein Aufstehen und Gehen. Deine Reaktion darf und muss drastisch ausfallen, wenn dir etwas wirklich wichtig ist und es angebracht ist, darum zu kämpfen.

Fühl dich in den Vielfraß hinein

Schaue dir eine Dokumentation über den Vielfraß an – beispielsweise *Vielfraß – Der Räuber des Nordens**.

Versetze dich beim Schauen in die Rolle des Vielfraßes und empfinde mit ihm. Spüre die Kraft, die er ausstrahlt, und lass diese in die Situationen deines Lebens strahlen, die diesen Schutz benötigen.

Mach dich bereit für deine Träume

Frage dich, ob du für das, was du dir in deinem Leben wünschst, auch bereit bist.
Kannst du für das, was du erfahren möchtest, selbst sorgen? Hast du die Kraft, eine neue Erfahrung neben deinen alten Verpflichtungen zu meistern?

Fertige eine To-do-Liste an mit dem, was du alles erledigen möchtest, bevor du bereit bist, deinen Traum zu verwirklichen und neue Verantwortung zu übernehmen.
Dann arbeite mit dieser Liste. Wachse daran und freue dich, dass du immer stärker wirst.
Ob sich deine Träume dabei ändern und neu formulieren, wirst du erkennen. Bedenke, das Ziel bist immer du und dein liebendes Sein. Wenn sich also zeigt, dass dein Wunsch sich nicht erfüllen lässt oder nicht das verspricht, was du dir erträumt hast, dann lass deinen Traum los und finde einen neuen.

---

* Ivanoff, Kira, Stetten, Alex (2021): *Vielfraß – Räuber des Nordens* [Film], Österreich: arte, ZDF und Terra Mater, https://www.arte.tv/de/videos/097504-000-A/vielfrass-raeuber-des-nordens/, abgerufen am 19. 06. 2022.

Wildschwein
(Sus scrofa)

INSTINKT

Eigenschaften und Lebensweise des Wildschweins

Wildschweine sind die Vorfahren unserer Hausschweine. Sie lebten einst vor allem in Europa und Asien. Vom Menschen wurden sie weiter nach Amerika und nach Australien gebracht. Dort halten sich aber die Populationen in Grenzen. Das Schwein wurde seit jeher als Fleischlieferant geschätzt und zu diesem Zweck früh domestiziert und gezüchtet.

Das Wildschwein besitzt einen kompakten, muskulösen Körper, die Beine sind eher kurz und stämmig und der Kopf ist verhältnismäßig groß. Er liegt wegen des breiten und kurzen Halses eng am Körper. Typisch ist die Nasenscheibe, die sehr beweglich ist. Mit der Nasenscheibe und auch mithilfe der langen, scharfkantigen Eckzähne graben die Schweine nach Larven, Würmern, Wurzeln und allem, was sie sonst noch zum Fressen in der Erde finden.

Schweine lieben Eichen- und Buchenwälder und Mais- und Getreidefelder, die ihnen genügend Schutz und Nahrung bieten. Die erwachsenen männlichen Tiere, Keiler genannt, gehen eigene Wege. Manchmal sind sie auch zu zweit, aber je älter sie werden, desto wahrscheinlicher ist der Keiler ein Einzelgänger. Die weiblichen Wildschweine, Bachen genannt, sind gut organisiert. Die Leitbache schart ihre Töchter aus verschiedenen Würfen um sich und hält die Rotte zusammen. Sie verhindert, dass jedes geschlechtsreife weibliche Tier tragend wird. So bringt eine gut geführte Rotte lediglich einen oder zwei Würfe pro Jahr hervor. Wird allerdings die Leitbache geschossen oder stirbt sie aus anderen Gründen, wird in der kommenden Rauschzeit, wie die Paarungszeit des Schwarzwildes heißt, jedes weibliche Tier der Rotte gedeckt und die Population nimmt explosionsartig zu.

Um sich zu schützen, verbergen sich Wildschweine während des Tages. Werden sie jedoch in die Enge getrieben, gehen sie sofort zum Angriff über und können mit gewaltigen Bissen oder mit den messerscharfen Hauern, ihren Eckzähnen, schwere Verletzungen verursachen.

Was dir das Wildschwein sagt

Das Wildschwein erinnert uns an unsere Urkräfte, an die Instinkte, die in uns seit grauer Vorzeit angelegt sind. Bei instinktivem Verhalten geht es um eine richtige, ererbte, angeborene Handlungsweise oder Reaktion, die nicht erlernt werden muss, sondern bei Bedarf, ohne überlegen zu müssen, korrekt ausgeführt wird. Jede Tierart und auch der Mensch verfügt über verschiedene instinktive Programme. Instinktives Verhalten zeigt sich immer dort, wo es um wichtige, lebens- und arterhaltende Reaktionen geht.

Wir Menschen kennen instinktives Verhalten im Umgang mit kleinen Kindern, mit fremden Tieren oder in verschiedenen sozialen Situationen. Dabei gibt es im Hinblick auf bestimmte instinktive Reaktionen deutliche Unterschiede zwischen Frau und Mann. Sowohl bei den menschlichen wie auch bei den tierischen Weibchen sind gewisse Muster der Weiblichkeit zu erkennen. Bei den Tieren beschränkt sich dies eher auf die höheren Säugetiere. Die weiblichen Urinstinkte sind nährende Fürsorglichkeit, Familien- und Rudelsinn, sinnliche Verführung, nörgelndes Korrigieren der Verhaltensweisen anderer. Eine typisch weibliche Reaktion ist es auch, in Notsituationen Hilflosigkeit zu signalisieren, um einer stärkeren Person die Führung zu überlassen. Ist die Führung abgegeben und die Rolle nach außen hin klar definiert, übernimmt die Weiblichkeit tatkräftig die Aufgaben im Hintergrund und die Botschaft der Hilflosigkeit ist verschwunden.

So ordnen sich die schwächeren Wildschweine dem stärksten Weibchen unter, überlassen ihm die Führung und die Vermehrung und unterstützen es dabei, die Rotte zu erhalten und zu schützen. Diese Muster sind bei den Bachen gut erkennbar.

Dieses instinktive Verhalten macht beim Männchen keinen Sinn. Der Keiler steht für die Zeugungskraft, für die drängende Potenz, für kriegerischen Schutztrieb und machtvollen Besitzanspruch. Das sind seine instinktiven Kräfte, und auch um sich selbst vor diesen zu schützen, lebt er allein, bis es Zeit ist, auf die Bühne der Fruchtbarkeit und Fortpflanzung zu treten und dort das zu tun, was er nicht erlernen muss, sondern einfach intuitiv richtig macht.

Wie du dich mit der Kraft des Wildschweins schützen kannst

Der Mensch trägt beide Pole in sich – das Weibliche und das Männliche, Innen und Außen, Yin und Yang. Und aus dem Zusammenspiel dieser Gegensätze lassen sich ganz ähnlich wie beim Wildschwein intuitive Verhaltensweisen beobachten.

Genau deshalb eignet sich das Wildschwein im Zusammenhang mit dem Thema Schutz hervorragend als Krafttier. Gerade dann, wenn du spürst, dass sich etwas in deinem Leben zusammenbraut und du mit einer plötzlichen Veränderung rechnen musst. Es ist natürlich, dass du dir Sorgen machst. Aber du darfst dir sicher sein, dass sich große Umbrüche zwar wie Katastrophen anfühlen können, sie meistens jedoch der Beginn von etwas sehr Gutem sind.

Gehe also wachsam und offen in deine undurchschaubare Zukunft und vertraue dir selbst. Intuitiv wird der richtige

Teil in dir die richtige, der Situation angepasste Reaktion finden. Intuitiv werden Weiblichkeit und Männlichkeit aus ihrer seit unendlich langer Zeit erprobten Erfahrung heraus reagieren können, schnell und passend, ohne dass du zuerst überlegen müsstest.

Das Wildschwein begleitet und bittet dich, dich um dich selbst zu kümmern, dein Bestes zu tun, dass es dir gut geht, deine Sinne zu stärken und deine körperliche Verfassung fit zu erhalten.

Du kannst deinen Körper, deine Sinne und deine Klarheit schulen, um in Schwierigkeiten optimal vorbereitet zu sein. Doch das Reagieren auf eine echte Gefahr überlass vertrauensvoll dem Instinkt.

Erlebe deine Instinkte

Nimm deine instinktiven Gesten und Bewegungen wahr, deine reflexartigen Reaktionen und deine von einem inneren Trieb gelenkten Verhaltensmuster.

Schreibe auf, was du erkennst, und setze dich damit auseinander.

Besonders aufschlussreich ist es auch, wenn du dich im Umgang mit anderen Menschen beobachtest.

Versuche zu erkennen, woher eine Reaktion kommt, was sie bezwecken könnte. Es geht nicht darum, dass du an deinen Gesten, kleinen Ticks, reflexartigen Reaktionen und unüberlegten Handlungen etwas ändern sollst. Lass dir davon eher eine ganz alte Geschichte zu deinem Sein erzählen, verbinde dich darüber mit einer tiefen Wahrheit, mit gelerntem Wissen und erfolgreichen Strategien aus deiner Ahnenfamilie und aus deinen eigenen früheren Leben.

Nimm deine Instinkte an und bilde sie weiter aus, sodass sie dir als Werkzeuge des Lebens erhalten bleiben.

Eine wunderbare Bereicherung kann es sein, deine Instinkte einmal ganz bewusst in der Natur zu erleben. Wenn du dir das zutraust, gehe einige Tage mit Rucksack und Schlafsack hinaus und lebe in der Natur. Beobachte, was deine Instinkte dort noch können.

Wenn du sie fördern willst, wiederhole die Aufenthalte in der Natur regelmäßig. Du findest sicher Menschen, die dich auf so einem Abenteuer begleiten. Gehe es langsam an und lerne, dir zu vertrauen.

Wolf
(Canis lupus)

LEHRER, LERNEN

Eigenschaften und Lebensweise des Wolfs

Der Wolf ist ein Tier, das uns Menschen seit jeher stark beschäftigt. Wir lieben ihn und wir fürchten ihn. Nachdem er lange Zeit aus unserem Kulturraum in Mitteleuropa verdrängt worden war und nur noch in Geschichten vorgekommen ist, kehrt er heute in unsere Wälder zurück. Das Wild wird scheuer, da es sich mit einem unberechenbaren Jäger konfrontiert sieht, die Haustiere müssen bewacht werden und Wanderinnen und Wanderern kann es passieren, dass sie einem Wolf in freier Wildbahn begegnen. Verschiedene Rudel haben sich bereits wieder in den alten Revieren angesiedelt und diverse Einzelgänger ziehen auf langen Routen durch Europa, auf der Suche nach einem eigenen Revier. Wie es scheint, wird der Wolf seinen Platz in unserer Natur wieder einnehmen.

Wölfe sind gute Jäger, sie sind klug, sehr sozial, leben gerne abseits und eher heimlich. Für Mensch und Tier ist der Wolf ein ernst zu nehmender Lehrer. Er zieht als junges Tier oft allein durch die Wälder und lernt dabei, sich zu behaupten. Er ist scheu und beobachtet gut.

Ist er gefestigt, schließt er sich einem Rudel an, in dem er sich zu bewähren hat. Jedes Tier im Rudel lebt seine Fähigkeit für die Gemeinschaft. Jedes erwachsene Rudelmitglied übernimmt seine Aufgaben. Diese Strategie gibt dem Wolf den Schutz, den er braucht.

Was dir der Wolf sagt

Obwohl der Wolf einer der Urahnen unserer Hunde ist, führt er doch ein ganz anderes Leben und hat eine andere Bedeutung für uns als dieser. Der Wolf ist ein großer Lehrer und er fordert uns auf, von unserem Leben, von den guten und schlechten Erfahrungen zu lernen, unser Verhalten in Bezug auf unsere soziale Umwelt zu überprüfen, uns an die Gegebenheiten der Lebensumstände anzupassen und uns zu unserem Schutz vorzusehen.

Wir leben in der Polarität und in jedem Leben gibt es Licht und Schatten. Wir müssen lernen, mit beiden Seiten klarzukommen. Der Wolf kommt an unsere Seite, um uns zu lehren, unseren Instinkten zu vertrauen, die Zeichen in unserem Umfeld zu lesen und richtig zu deuten.

Er lehrt uns aber auch, uns selbst einzuschätzen. Es ist wichtig, die eigenen Fähigkeiten zu kennen und zu nutzen. Das macht uns im Leben stark. Doch es ist genauso wichtig, sich der eigenen Schwächen bewusst zu werden, die inneren Schatten zu erforschen und womöglich zu erlösen.

Ein ganz wichtiger Faktor für den Wolf ist seine soziale Stellung. Solange er sich nicht um andere Rudelmitglieder kümmern kann, solange er sich nicht in ein Rudel einfügen kann, ist er eine Gefahr für andere und geht daher eigene Wege. Er verzichtet auf das Rudel, freiwillig oder weil er ausgeschlossen wurde, und zieht alleine umher. Rudeltauglich ist er dann, wenn er das Ich dem Wir unterordnen kann und sich auf die Bedürfnisse des Rudels und deren Mitglieder einstellt.

Wie du dich mit der Kraft des Wolfs schützen kannst

Die Kraft des Wolfs führt uns durch die Zeiten, in denen wir verletzlich sind, weil wir vom Leben zu neuen Schritten herausgefordert werden. Ähnlich wie die des Hundes ist die Wolfskraft ganz nah bei uns und gibt uns Sicherheit und

Schutz. Doch nie würde der Wolf Befehle ausführen. Er selbst ist der Führer und trifft Entscheidungen, dabei kennt er deine Bedürfnisse sehr genau und berücksichtigt sie auch.

Und genau das ist auch seine Aufforderung an dich. In deinem Leben, gerade wenn du vieles entscheiden und ändern musst, bist allein du maßgebend. Du musst deine Bedürfnisse kennen und sie berücksichtigen. Du kannst und sollst dir Rat holen, um deinen Weg gehen zu können, deine Blockaden aufzulösen, die dich vielleicht hemmen, und auch, um dir ein besseres Bild von neuen Möglichkeiten machen zu können. Doch niemand soll für dich entscheiden, niemand weiß besser als du, was richtig für dich ist, und keiner darf dir gar Befehle erteilen, was du zu tun oder zu lassen hast.

Der Wolf lehrt dich, zu der Person zu werden, die du aus deinem Sein heraus wirklich bist. Er hilft dir, aus deinem wahren Sein zu erblühen, um damit einen starken und authentischen Platz in deinem sozialen Umfeld einnehmen zu können.

Lass dich vom Wolf führen, suche mit seiner Hilfe nach deinen Schatten und Konditionierungen, die dich von dir selbst trennen, und befreie dich. Dies kann ein einsamer Weg sein, vielleicht auch ein beschwerlicher. Doch der Wolf begleitet dich und schützt dich dabei, er gibt dir Halt und Liebe. So wirst du stark und sicher werden, wirst dich in einem stimmigen sozialen Umfeld einfügen können und andere lehren können, dasselbe zu tun.

Zeit für deine Themen

Nimm dir regelmäßig Zeit, um dich ganz intensiv mit dir selbst auseinanderzusetzen. Dabei kann es sich um persönliche Themen handeln oder um solche, die in Bezug zu deiner sozialen Rolle stehen. Richte dich dazu an einem schönen, ruhigen Platz ein, mit Schreibzeug, Farben, Orakelkarten und vielleicht Wolfsmusik.

1. Nun verbinde dich mit dem Wolf und spüre, wie er an deine Seite kommt. Bitte ihn, dich zu führen.
2. Schreibe anschließend eine aktuelle Eigenschaft von dir auf, die du an dir magst oder die andere Menschen an dir schätzen (zum Beispiel »verständnisvoll«). Auf ein anderes Blatt schreibst du eine Eigenschaft, für die du dich selbst kritisierst oder die andere an dir stört (zum Beispiel »nachlässig«). Sei ganz ehrlich mit dir.
3. Frage dich jetzt, wo eine Gefahr bei der guten Eigenschaft liegen könnte. Bist du beispielweise sehr verständnisvoll, musst du sicher auf deine Grenzen und deine Kraft achten.
4. Überlege dann, wo in dir die Ursache der schlechten Eigenschaft liegen könnte? Schlechtes Energie- und Zeitmanagement können beispielsweise Ursachen für Nachlässigkeit sein.
5. Mit diesen Gedanken gehe hinaus in die Natur, in die Stadt, einfach an einen Ort, wo du deinen Gedanken nachhängen kannst. Überlege dir, was dir dabei helfen kann, die Eigenschaften auszugleichen. Stelle dir vor, was der Wolf an deiner Seite dazu sagt. Sprich im Herzen mit dem Wolf. Achte auf Zeichen wie Tierbegegnungen, Gesprächsfetzen, Symbole, auffällige Farben.
6. Kehre nach Hause zurück und schreibe deine Erfahrungen nieder.

7. Nimm nun deine Orakelkarten zur Hand und ziehe Karten mit der Frage: »Was ist jetzt wichtig für mich zum Thema der guten Eigenschaft?« Dazu mischst du den Kartenstapel, während du die erste Frage in dir trägst und sie auch denkst. So auf die Frage konzentriert, fächerst du die Karten auf und lässt deine Hand über den Fächer gleiten, ohne die Karten zu berühren. Wenn du merkst, dass du in der Handinnenfläche etwas spürst, legst du dort die Hand auf die Karten und wählst die aus, die deine Finger von selbst suchen.
8. Beschäftige dich mit der Aussage der Karte und schreibe auf, was dich dabei berührt.
9. Ziehe dann wie beschrieben eine Karte zum Thema der negativen Eigenschaft und beschäftige dich auch mit dieser Aussage.

Dein Lieblingstier

Hier findest du Platz, um dein Lieblingstier oder andere Tiere den Schutztieren hinzuzufügen. Befasse dich mit dem Tier, das du noch einfügen möchtest, und versuche zu erkennen, welche Kraft das Tier nutzt, um sich zu schützen. Schreibe deine Erkenntnisse auf und was das für dich persönlich bedeutet. Gehe dabei vor wie im Abschnitt »Wie du die Botschaften im Buch für dich nutzt« beschrieben. Du kannst dich auch am Aufbau der schon beschriebenen Tiere orientieren. Wenn du dabei Hilfe brauchst, kannst du gerne die Botschaft deines Tieres bei mir erfragen.*

* Auf meiner Website findest du Informationen zu meinen Seminaren und Beratungen: https://www.regula-meyer.ch/

Deine Notizen

Auf den folgenden Seiten ist Platz für deine Notizen zu den praktischen Übungen, für eigene Gedanken und Ideen zu den Schutztieren oder vielleicht sogar kleine Zeichnungen. Deiner Kreativität sind keine Grenzen gesetzt!

Danksagung

**Damit ein Buch entstehen kann,
braucht es Menschen mit einer Vision.**

Zu diesem Buch hat mich Patricia Ging motiviert. Ihre Anfrage kam genau zu dem Zeitpunkt, als ich zusammen mit meinem Sohn Roman Liver darüber nachdachte, ein weiteres Tiersymbolbuch zu schreiben, welches er illustrieren sollte. Eine Art Arbeitsbuch schwebte uns vor, das die Leserinnen und Leser anregt, sich tief in das Thema des Tieres ihrer Wahl einzulassen.

Patricia Ging hatte eine ähnliche Idee und von ihr stammt die Anregung, die Tiere in ihrer Funktion als Schutztier zu beschreiben. Ich danke Ihnen, Frau Ging, herzlich für Ihre Begleitung und Ihren Input.

Ich danke aber auch ganz fest meinem Partner Herbert Schönhart und meiner Familie, die mich auf meinem schamanischen Weg sehr unterstützen und auch bei der Arbeit an diesem Buch eine große Hilfe waren.

Ganz besonders will ich mich aber bei Roman Liver bedanken, der die Bilder zu den Tieren gezeichnet hat. Ich weiß, wie wenig Zeit du für dieses Projekt hattest.

Dann bedanke ich mich bei allen Menschen, die mit diesem Buch arbeiten und sich mit den Tieren auf diese wunderbare Art verbinden. Die Welt ist nur deshalb so schön, weil es uns alle gibt, die Menschen und die Tiere.

Inhaltsverzeichnis nach Begriffen

Quellen

Das Wissen über Tiere, das ich in diesem Buch teile, stammt aus unzähligen Lektüren, Filmen, Gesprächen und vielen eigenen Beobachtungen, seit früher Kindheit bis heute. Die Deutung der Tiere entstammt einem inneren Wissen.

Zusätzlich habe ich zur Arbeit an diesem Buch meine beiden Bücher *Tierisch gut* und *Tierische Begleiter* herangezogen.

Colette Baron-Reid

Das Orakel der Krafttiere

68 magische Karten mit Anleitungsbuch

Die Magie der Krafttiere nutzen

Wenn Sie Ihr Leben besser ergründen, über sich hinauswachsen oder Ihr Potenzial entfalten wollen – dann sind diese Orakelkarten das Richtige für Sie. Verschiedene Krafttiere wie Fisch, Elefant, Hirsch oder Vögel enthalten eine Symbolik, die Ihnen hilft, neue Möglichkeiten für sich zu entdecken.

»Die Karten werden Ihnen zeigen,
wo Sie stehen, und Ihnen die nötige Klarheit geben.«
Colette Baron-Reid

KNAUR
MENSSANA

Terry und Natalia O'Sullivan

Die prägende Kraft unserer Ahnen

Anleitungen, Übungen und Meditationen, um generationsübergreifende Familienwunden zu heilen

So schließen wir Frieden mit unserer Vergangenheit

Wir sind für alle Zeiten mit unseren Vorfahren verbunden. Neben wunderbaren Gaben und Talenten vermachen sie uns jedoch häufig auch ungeklärte Probleme: belastende Familiengeheimnisse, ungelöste Konflikte oder tiefliegende Traumata. Die moderne Forschung beweist, dass »vererbte Wunden« die Nachkommen auf psychischer oder physischer Ebene beeinflussen können. Natalia und Terry O'Sullivan arbeiten seit über dreißig Jahren auf dem Gebiet der Ahnenheilung. Anhand anschaulicher Beispiele erklären sie, wie wir alte Verletzungen in unserer Abstammungslinie erkennen und auflösen können.

Mithilfe von Ritualen, Übungen und Meditationen können wir das Positive in unserer Familiengeschichte annehmen und das Negative heilen – auch für zukünftige Generationen.

KNAUR.LEBEN